50 EXERCICES DE LÂCHER-PRISE

Groupe Eyrolles
61, bd Saint-Germain
75240 Paris Cedex 05
www.editions-eyrolles.com

Illustrations : Tiffany Cooper

Cet ouvrage a fait l'objet d'un reconditionnement à l'occasion de son septième tirage (nouvelle couverture et nouvelle maquette intérieure). Le texte reste inchangé par rapport au tirage précédent.

ISBN : 978-2-212-55048-0

Paul-Henri Pion

50 EXERCICES DE LÂCHER-PRISE

Neuvième tirage 2018

EYROLLES

Paul-Henri Pion est psychothérapeute et consultant en communication. Il est formé à la lecture des interactions humaines. Il intervient tant dans le domaine de la souffrance mentale que dans la régulation des conflits ou le positionnement stratégique. Vous pouvez le contacter à l'adresse suivante : http://pion.tb.free.fr

SOMMAIRE

2. Lâcher prise face aux autres 37

3. Lâcher prise face à soi-même 65

INTRODUCTION

Dans un conte de notre culture, un beau chevalier arrive au pied du château qui renferme un trésor, après moult épreuves. Il lutte de manière acharnée et vient à bout des murailles et du dragon qui garde le donjon. Le chevalier vit ensuite d'autres aventures et rencontre une vieille sorcière qui lui dit : « Donne-moi un crin de ton cheval et un poil de ta barbe ! » Le chevalier s'exécute, et la sorcière le transforme d'un geste en statue de pierre.

Il existe une autre version de ce conte... Lorsque le chevalier arrive au pied du château, il en fait le tour et sonde la muraille : aucun accès. Alors son cheval lui glisse à l'oreille qu'il est temps de se reposer. Le chevalier s'installe au pied de la muraille, s'endort... et se réveille dans le château ! Il accède ainsi au trésor sans avoir eu à lutter. Ce même chevalier répond ensuite dignement à la sorcière : « Je ne te donnerai ni un poil de ma barbe, ni un crin de mon cheval », et la sorcière laisse place à une belle jeune fille...

Vous allez imiter ce dernier chevalier. Il traverse la vie en restant ouvert à ses richesses. Attaché à la nature qu'il porte en lui et sans laquelle il n'est qu'une statue de pierre, il sait s'abandonner et cueillir, rester éveillé et vaincre sans combattre. Il s'est entraîné ; vous en ferez de même, pas à pas.

Vous commencerez par aller directement sur le terrain du lâcher prise, afin de vous familiariser avec certains de ses tours de main. Il s'agit de vous mettre en confiance et d'apprendre par l'expérimentation directe des solutions *a priori* illogiques qui donnent de bons résultats. Vous apprendrez ensuite à intégrer votre environnement, à l'accueillir plutôt qu'à lui tourner le dos, puis à vous libérer de vos démons intérieurs. Vos luttes fratricides et vos luttes internes – si justifiées soient-elles – ayant été abandonnées progressivement, vous vous ouvrirez à la fluidité de la vie. Ce sera la dernière étape, mais aussi la première d'un nouveau chemin, puisque vous apprendrez à créer vos propres exercices de lâcher prise.

Attention, 50 exercices, c'est beaucoup ! Vouloir tous les faire d'un coup est le meilleur moyen d'échouer dans votre tentative de lâcher prise. Commencez modestement, en laissant le temps au temps, c'est-à-dire en prenant le temps d'intégrer chaque expérience. Deux semaines de pratique quotidienne de chaque exercice (ou groupe d'exercices, quand ils forment une suite cohérente) est un bon rythme, sauf indications contraires. Vous pourrez ainsi vous imprégner de ces nouvelles attitudes, ou vérifier qu'elles sont bien acquises. Veillez à respecter soigneusement la consigne proposée : elle pose un cadre qui colle à la dynamique à l'œuvre et sans le respect duquel l'exercice ne porte pas ses fruits.

Selon votre parcours, certains exercices vous conviendront plus que d'autres. S'il arrivait qu'un exercice ne vous « parle pas », demandez-vous honnêtement si vous procédez déjà de la manière décrite, ou si vous avez peur de tenter l'expérience. Dans ce dernier cas, apprenez par cœur la phrase qui suit et répétez-la mentalement chaque jour : « Je ne cherche pas à changer, j'ajoute simplement ces exercices à mon quotidien et je me laisse surprendre par la vie. »

POUR BIEN COMMENCER

Vous avez décidé de lâcher prise, bravo ! Le besoin de lâcher prise intervient quand des processus involontaires sont devenus dérangeants. Malgré les objectifs que vous vous êtes fixés pour vous en débarrasser, ces processus naturels continuent de vous échapper et vous avez à présent ce livre entre les mains.

Le lâcher prise se construit progressivement. Les exercices qui suivent sont trois premiers pas pour vous engager sur cette nouvelle voie. Bon commencement !

★ Exercice 1 : Une question d'éclairage

La lumière est primordiale pour le développement de la vie. Et pour le vôtre ?

Installez-vous confortablement à l'endroit où vous êtes, et prenez conscience du niveau de luminosité qui règne dans votre tête et dans votre imaginaire. Répondez ensuite aux questions suivantes.

1. Pensez à un événement heureux que vous avez vécu. La scène est-elle plutôt lumineuse ou plutôt sombre ?

....

2. Pensez à un événement triste que vous avez vécu. La scène est-elle plutôt lumineuse ou plutôt sombre ?

....

3. Pensez à une action que vous avez menée à bien. La scène présente-t-elle des contrastes vifs ou est-elle plutôt terne avec des contours estompés ?

....

4. Quand vous pensez aux sujets qui vous ont conduit à avoir ce livre entre les mains, vos pensées sont-elles plutôt lumineuses ou plutôt sombres ?

....

Commentaires

Vous avez certainement répondu qu'un événement heureux est accompagné dans votre mémoire d'une luminosité plus forte qu'un événement triste. Le langage courant nous le confirme, en qualifiant de « terne » une personne d'humeur triste et de « rayonnante » une personne d'humeur positive et enjouée. De même, une action conduite avec succès prend des contours francs dans notre histoire intérieure.

★ Exercice 2 : Jeux de lumière

Remémorez-vous un événement quelconque, une scène de la vie quotidienne à laquelle vous avez participé et suivez les consignes ci-dessous.

1. Visualisez la lumière qui accompagne cette scène. Quand vous l'avez bien en tête, passez à la suite.

2. Augmentez maintenant la luminosité. Illuminez d'un bel éclairage cette scène et notez votre humeur.

....

....

3. Revenez ensuite à l'image initiale, avec le niveau lumineux qui était le sien lorsqu'elle vous est revenue en mémoire. Maintenant, diminuez nettement l'éclairage de cette scène et notez votre humeur.

....

....

4. Dans quel cas cette scène est-elle la plus agréable pour vous et vous donne-t-elle le plus envie d'y participer ?

....

....

Commentaires

L'ensoleillement de la scène s'accompagne généralement d'une humeur positive et stimule l'envie d'agir. À l'inverse, la diminution de la luminosité entraîne souvent une baisse de l'humeur. Ce phénomène est lié au fait que notre représentation de la réalité est une construction de notre système neurosensoriel. Ce dernier a ainsi la capacité de générer des images qui agissent sur notre moral. Jouer sur la luminosité d'une image modifie notre appréciation de la situation et notre capacité à agir.

Exercez-vous à augmenter le niveau d'éclairage de vos pensées tout au long des exercices de ce livre. Les choses n'en deviendront que plus claires et votre lâcher prise que plus pertinent.

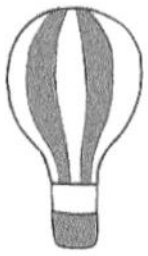

★ Exercice 3 : « Et », un petit mot positif

À partir de maintenant et durant les deux semaines à venir, faites l'expérience suivante.

À chaque fois que vous dites (ou êtes sur le point de dire) « mais... » reformulez silencieusement ce que vous alliez prononcer (ou étiez en train de prononcer) en remplaçant « mais » par « et ». Quel est le résultat de cette expérience ?

....

....

Commentaires

En remplaçant « mais » par « et », vous avez dû noter que vous rencontrez de moins en moins d'opposition dans vos échanges. Tout se passe comme si vous aviez pris de l'assurance. Votre entourage semble curieusement avoir plus envie de composer avec vous.

Lorsque vous utilisez le mot « mais », vous contredisez ce que vous venez de dire, ce qui rend vos interlocuteurs circonspects à votre égard. « Mais » peut être avantageusement remplacé par « et » dans la plupart des cas. L'expression « et en même temps... » peut aussi être employée avec profit. À utiliser sans modération !

CHAPITRE 1

NAGER À CONTRE-COURANT

Lâcher prise n'est pas une mince affaire. Pour avoir expérimenté plein de « bonnes solutions » qui n'ont pas eu l'effet escompté, vous savez que la baguette magique servant à desserrer l'étau des contraintes qui handicapent et font souffrir n'existe pas. Il vous faut donc chercher au-delà du raisonnable et du magique, tenter quelque chose que vous n'avez encore jamais essayé...

Si curieux que cela puisse paraître, la voie du lâcher prise passe par l'absurde. Les exercices qui suivent sont une mise en bouche des solutions apparemment illogiques qui donnent de bons résultats. Le décryptage des comportements suggérés, souvent contraires au sens commun, vous aidera à mieux comprendre comment lâcher prise. C'est à vous de jouer !

★ Exercice 4 : A contrario

Décrivez ci-après votre première réaction si l'on vous disait les phrases suivantes. Notez librement tout ce qui vous vient à l'esprit.

❶ « Essaye de ne pas y penser. »

....

....

❷ « Efforce-toi de prendre du plaisir ! »

....

....

❸ « Je veux que tu m'aimes. »

....

....

❹ « Change cette habitude ! »

....

....

Commentaires

Ces injonctions ont comme point commun d'être toutes vouées à l'échec : la nature ne se commande pas.

1. Plus vous essayez de ne pas penser à un sujet, plus vous y pensez. À terme, cette dynamique contribue à l'épuisement de celui qui, pour se cacher un événement de sa vie, « pense à l'oublier » (lorsqu'une douleur ou une peur est extrêmement forte, elle est comme insupportable, et l'oublier semble la seule issue possible pour s'en protéger).

2. Si certaines conditions favorisent l'émergence du plaisir, celui-ci ne se décrète pas. Cette dynamique se retrouve dans certaines pathologies de la relation amoureuse : l'injonction « je dois ressentir du plaisir » ruine l'acte sexuel aussi sûrement que le « je dois dormir » du jeune enfant l'empêche de s'endormir.

3. J'imagine que vous resteriez interdit si vous entendiez cela. Peut-être même vous sentiriez-vous fort peu respecté pour que l'on vous dicte ainsi votre conduite. Forcer quelqu'un à aimer est évidemment impossible. Nous sommes capables de séduire l'autre, c'est-à-dire de créer des conditions telles qu'il ait envie de nous aimer, pas de le forcer à nous aimer.

4. Malheureusement, la télécommande pour changer d'habitude n'existe pas. Les habitudes ont été ancrées en nous à force de répétitions ou par l'expérience. Si nous ne pouvons les supprimer, nous pouvons en revanche, par la répétition ou par une expérience *ad hoc*, en créer de nouvelles qui viendront concurrencer les anciennes.

★ Exercice 5 : Mea culpa

Vous voulez couper court aux conflits et en finir avec les escalades et les empoignades verbales ? Voici une petite astuce extrêmement simple à mettre en œuvre et très efficace.

Suivez la consigne ci-après.

La prochaine fois que vous vous trouvez au cœur d'une discussion qui s'emballe, plutôt que de la poursuivre en vous justifiant et en contre-argumentant à tout va, dites simplement « J'ai eu tort » (même si vous êtes persuadé d'avoir raison) et tenez-vous-en là. Chut, plus un mot !

Quel a été le résultat de votre intervention ?

....

....

....

....

....

....

Commentaires

Lors d'une discussion envenimée, chacun des protagonistes pense souvent que l'autre a doublement tort : d'une part, parce qu'il ne se rallie pas à son point de vue et d'autre part, parce qu'il conduit la relation vers une impasse douloureuse.

Par conséquent, en disant « j'ai eu tort », vous confirmez ce que l'autre pense : le fait que vous avez tort – de son point de vue, comme du vôtre d'ailleurs – de mener la relation dans cette voie sans issue. Gardez pour vous vos certitudes sur le contenu de la discussion pour le moment. Si vous êtes sûr de vous, la vie saura présenter l'occasion de vous donner raison...

★ Exercice 6 : À questions de devoirs…

Lisez les phrases suivantes et notez à la suite ce qu'elles vous inspirent sans vous censurer (souvenirs, émotions, impressions, ressentis…).

« Tu te rappelles que tu dois aller chercher les enfants à l'école ce soir. » Je dois penser à tout dans cette famille ! Et un stress de plus pour commencer la journée…

1. Il faut que tu fermes ton manteau avant de partir.

....

....

2. Il est absolument nécessaire que vous soyez à l'heure.

....

....

3. Elle devrait déjà être là.

....

....

4. Je dois tout faire dans cette maison.

....

....

❺ Il faut que je dorme...

....

....

Commentaires

Que de devoirs et de contraintes ! Durant la petite enfance, nous apprenons un nombre incroyable de « tu ne dois pas » et de « il faut », pour notre bien, évidemment. À l'âge adulte, nous dépensons une grande part de notre énergie à essayer d'obtenir des autres ce qu'ils devraient faire... de notre point de vue. Et c'est sans évoquer tout ce que nous nous imposons au quotidien, en famille, avec nos amis ou dans le cadre professionnel !

Certes, « devoir » permet de traverser les épreuves, et d'éviter de laisser tomber sa garde trop tôt, ce qui serait préjudiciable. Pourtant, si vous vous sentez piégé par vos devoirs et vos obligations, il est temps de lâcher prise, sans prendre de risque.

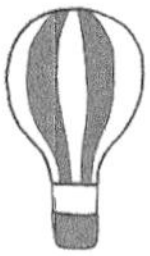

★ Exercice 7 : ... réponses de pouvoir !

Vous êtes victime de votre sens du devoir ? Cet exercice est fait pour vous.

Faites l'expérience suivante à partir de maintenant et durant les deux semaines à venir.

À chaque fois que vous pensez, prononcez ou entendez prononcer une phrase avec les verbes « falloir » ou « devoir », quels que soient leur temps, leur mode ou leur personne, reformulez-la silencieusement avec le verbe « pouvoir » à la place.

« Il faut que tu fermes ton manteau avant de partir. »

Reformulation silencieuse : « Tu peux fermer ton manteau avant de partir » ou « Il peut fermer son manteau avant de partir ».

Au bout de quinze jours, quel est le résultat de cette expérience ?

....

....

....

Commentaires

Vous faites vos habitudes, et vos habitudes vous font. Parmi elles, nombreuses sont celles qui constituent des obligations, des devoirs, des corvées… Vous les avez adoptées, car elles vous ont rendu service à un moment ou à un autre. Ne cherchez donc surtout pas à les supprimer, ce serait dangereux et inutile. Rajoutez simplement cet exercice à vos habitudes. Remplacez mentalement encore et encore chaque occurrence des verbes « devoir », « falloir » ou des expressions équivalentes, jusqu'à ce que le fait de pouvoir ne soit plus une abstraction, mais une nouvelle habitude qui enrichit votre sens du devoir.

Peut-être vous êtes-vous surpris à dire, au bout de quelques jours de pratique, « tu sais que tu peux fermer ton manteau » sur un ton bienveillant…

★ Exercice 8 : Ne soyez pas trop gentil !

Les règles de politesse sont nécessaires à la vie en société, et l'éducation consiste aussi à inculquer les bonnes manières. Mais l'attention et la serviabilité peuvent jouer des tours et vous en êtes peut-être devenu victime, voyez plutôt...

Choisissez pour chaque situation décrite ci-dessous l'attitude la plus indiquée selon vous.

❶ Votre voisin vous appelle pour installer un tableau dans son séjour un dimanche après-midi. Ça tombe mal, vous avez justement prévu une sortie en famille. Vous lui répondez :

a) « Oui, bien sûr » et le rejoignez sur-le-champ avec votre propre perceuse.

b) « Avec plaisir, je passe ce soir après le dîner. »

c) « Ne compte pas sur moi ! Je ne suis pas à ta disposition », et vous raccrochez brutalement.

❷ Vous arrivez devant la porte de votre garage pour décharger des meubles et vous constatez qu'une voiture occupe déjà la place. Son conducteur est au téléphone.

a) Vous attendez patiemment que l'automobiliste ait fini sa conversation téléphonique pour rentrer chez vous.

b) Vous faites le tour du quartier pour chercher une place, puis vous effectuez des allées et venues avec vos meubles.

c) Vous faites des appels de phares au conducteur et klaxonnez jusqu'à ce qu'il libère votre entrée de garage et que vous puissiez rentrer chez vous.

d) Vous descendez de voiture et demandez avec assurance au conducteur de bien vouloir écourter sa communication et vous laisser accéder à votre garage.

3 Dans la file d'attente des caisses d'un grand magasin, vous faites la queue avec votre chariot un jour d'affluence. Votre conjoint est chez vous en train de préparer le dîner, car vous recevez des amis ce soir. Une jeune femme souriante se présente et vous demande : « Excusez-moi, pourriez-vous me laisser passer ? Je suis très pressée... » Vous réalisez qu'à deux pas derrière elle un jeune homme qui semble l'accompagner pousse un chariot plein qu'elle guide aussi d'une main.

a) Vous l'invitez gentiment à trouver une caisse plus rapide.

b) Vous lui signalez qu'elle pourrait venir plutôt aux heures creuses, mais que pour cette fois, vous la laissez passer.

c) Vous vous écartez pour la laisser passer.

Commentaires

Osez préserver votre autonomie ! Pour cela, voici les réponses les plus adaptées :

1b. Vous acceptez de rendre service à votre voisin tout en affichant votre autonomie.

2d. Vous êtes chez vous et c'est sans agressivité et avec fermeté que vous faites respecter ce fait.

3a. Qu'elle tente sa chance ailleurs, vous aussi n'avez que vingt-quatre heures dans une journée !

Dorénavant, si vous êtes victime de votre serviabilité, entraînez-vous à rendre service à un moment que vous avez choisi plutôt qu'au moment demandé, ou même à répondre « Non, je ne peux pas » sans vous justifier.

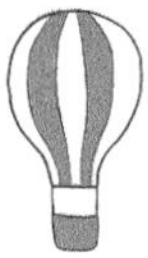

★ Exercice 9 : Pour aller bien, allez mal !

Bien sûr, chacun souhaite que tout aille bien dans sa vie, surtout quand beaucoup de choses vont mal. Cependant, vouloir aller bien ne règle pas tout, et malgré tous vos efforts, vous vous sentez de plus en plus mal. Il est peut-être temps de changer de méthode...

Installez-vous dans un endroit tranquille, prenez le temps de réfléchir à la question suivante et répondez-y.

Si, tel que vous vous connaissez, au lieu de chercher à aller bien vous cherchiez à aller mal, que faudrait-il que vous fassiez, que vous disiez ou que vous pensiez concrètement (ou à l'inverse que vous ne fassiez pas, que vous ne disiez pas ou que vous ne pensiez pas) ?

....

....

....

....

Reposez-vous mentalement cette question régulièrement dans la journée tout en continuant vos activités, que vous soyez seul, avec des collègues, des amis ou en famille. Donnez-lui une réponse concrète adaptée au contexte, ne la mettez pas en œuvre et poursuivez ce que vous étiez en train de faire.

Commentaires

Généralement, nous cherchons à aller bien et essayons d'imaginer, souvent avec une grande ingéniosité, tout un tas de solutions pour y parvenir. Curieusement, la situation ne s'améliore pas et peut même s'aggraver. C'est donc que chercher à aller bien ne fonctionne pas !

En pensant à tout ce que vous pourriez faire pour aller plus mal, vous arrêtez la dynamique du « je cherche à aller bien » et vous ouvrez votre esprit à d'autres solutions. Attention, apportez des réponses concrètes à cette question dans les différents contextes de votre journée, et ne les mettez pas en œuvre !

★ Exercice 10 : Laissez faire sans laisser faire !

Vous en avez assez de la fureur de votre progéniture, des colères de votre patron, de l'agressivité de votre conjoint ? Cet exercice est fait pour vous.

Dans chacune des situations suivantes, choisissez l'option qui vous permettrait de stopper l'escalade.

❶ Votre collègue est furieux après vous parce que vous avez oublié de lui transmettre une information importante.

a) Vous vous concentrez sur votre écran d'ordinateur en attendant que l'orage passe.

b) Vous l'écoutez posément vociférer en ayant l'air de vous intéresser à sa personne.

c) Vous soutenez son regard d'un air de défi.

❷ Votre meilleur ami est furieux après vous parce que vous lui avez posé un lapin, alors qu'il avait annulé un repas en tête à tête avec sa nouvelle compagne pour vous voir.

a) Vous protestez fermement et commencez à vous justifier sur un ton agressif. Non mais, pour qui se prend-il ?

b) Vous vous confondez en excuses, des sanglots dans la voix.

c) Vous laissez passer sa colère et favorisez discrètement mais fermement son épanchement en opinant du chef.

❸ Votre chef est furieux, car il vient de découvrir que les chiffres du mois sont bien inférieurs à ses prévisions. Il semble prêt à sortir de ses gonds et fait preuve d'agressivité.

a) Vous vous sentez affreusement visé et commencez à vous recroqueviller sur votre siège.

b) Vous considérez que son agressivité le concerne avant tout.

c) Vous accusez vos collègues, le management, l'entreprise et le capitalisme : « Tous des pourris ! »

❹ Une fois que votre chef est sorti de votre bureau, que faites-vous ?

a) Vous allez boire un café et prendre des nouvelles de la réceptionniste avant de reprendre vos activités.

c) Vous accusez le coup sans rien dire et faites tout pour vous maîtriser et reprendre votre travail là où vous vous étiez arrêté.

b) Vous faites valser tous vos dossiers d'un revers de main et appelez le stagiaire que vous formez pour lui passer un savon.

❺ Lors de cette irruption violente, votre chef a dépassé les bornes en vous insultant presque. Vous vous sentez vous-même en colère contre lui depuis qu'il a quitté votre bureau.

a) Vous gardez tout pour vous et continuez comme si de rien n'était.

b) Vous vous rendez dans son bureau à tête reposée et lui expliquez que vous comprenez sa colère, mais que lorsqu'il agit de cette manière, il vous fait perdre vos moyens, ce qui vous empêche de travailler correctement par la suite et ne contribue pas à améliorer la situation.

c) Vous couchez tout de suite sur le papier votre rage sous la forme d'une lettre anonyme : on ne vous marche pas dessus comme ça, il va voir ce qu'il va voir !

Commentaires

Voici les réponses permettant de calmer le jeu.

1b. Balayez tranquillement le visage et la silhouette de votre interlocuteur du regard. Ne le fixez pas dans les yeux, il pourrait prendre cela pour de la provocation et perdre le sens des convenances. Rappelez-vous qu'il est sous l'effet d'une émotion archaïque, la colère, et que ce n'est plus lui qui commande mais elle, alors prudence !

2c. Laissez votre ami épancher sa colère, et aidez-le même à se vider. Vous reprenez ainsi l'initiative : c'est vous qui, par votre gestuelle et votre attention, l'invitez à aller au bout de son émotion.

3b. Une autre personne aurait réagi très différemment à la place de votre patron. Son agressivité est le signe qu'il est, à cet instant, incapable de gérer la situation. Considérez donc que s'il se met dans cet état, c'est avant tout en raison de sa propre histoire et non des faits. Vous préserverez ainsi votre liberté d'action et n'en vivrez que mieux.

4a. La colère a pour but de faire peur (par la menace), et elle induit souvent un mélange de colère, de peur et de douleur en retour. Il vous faut donc faire quelque chose pour épancher la vague d'émotions qui vous submerge. Prenez un moment pour vous, afin d'effectuer une transition entre cet événement et le reste de votre journée.

5b. Rendez-lui sa colère, elle ne vous appartient pas ! N'hésitez pas à dire à votre interlocuteur ce que vous avez ressenti et exprimez les conséquences négatives de son comportement. Surtout, n'oubliez pas de préciser que vous vous placez uniquement dans le contexte précis de cette colère. En procédant ainsi, vous vous déchargez de l'émotion qui aurait pu vous contaminer, ce qui est très sain.

★ Exercice 11 : Explication n'est pas raison...

Vous pensez que tout doit être expliqué, qu'il est normal de justifier systématiquement ce que vous avancez, que cela permet de clarifier les situations et de favoriser la bonne entente ? Et si cela avait l'effet inverse ?

Faites l'expérience suivante à partir de maintenant et durant les deux semaines à venir.

À chaque fois que vous dites (ou êtes sur le point de dire) « parce que... » ou que vous commencez à justifier vos actes ou vos intentions, pensez silencieusement : « "Parce que" ne sert à rien... » et rien que cela.

Au bout de quinze jours, quel est le résultat de cette expérience ?

....

....

....

Commentaires

Si vous avez fait systématiquement ce petit effort, vous avez dû noter que vous vous justifiez naturellement de moins en moins. Tout se passe comme si vous aviez pris de l'assurance. Les interactions avec votre entourage s'en trouvent même fluidifiées, surtout avec les enfants.

Lorsque vous étiez petit, on vous disait, « mais pourquoi as-tu fait ça ? » quand vous aviez mal agi. Alors vous étiez prié de vous expliquer, et vous commenciez votre phrase par « parce que ». Par conséquent, le réflexe inconscient acquis est de penser que celui qui se justifie a quelque chose à se faire pardonner, ce qui conduit son interlocuteur à se méfier de lui.

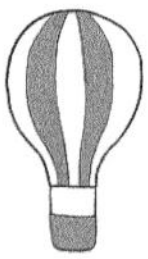

★ Exercice 12 : À question absurde, réponse absurde...

Vous êtes inquiet au point d'être envahi de questions diverses sur les sujets qui vous préoccupent. Malheureusement, les réponses que vous vous apportez ne suffisent pas, et votre questionnement intérieur grandit.

Faites l'expérience suivante à partir de maintenant et durant les deux semaines à venir.

À chaque fois que vous cherchez une réponse à une question que vous vous posez, répondez-vous intérieurement : « Répondre ne sert à rien » et rien que cela.

Au bout de quinze jours, quel est le résultat de cette expérience ?

....

....

....

Commentaires

En répondant systématiquement de la sorte à vos questions envahissantes, vous avez probablement constaté, peut-être avec un certain étonnement, qu'elles s'éloignent petit à petit.

Vous aviez pris l'habitude d'essayer de répondre rationnellement à ces questions. Or si ces dernières avaient eu une réponse, vous auriez fini par la trouver. C'est donc que les questions qui vous obsèdent n'ont pas de réponse rationnelle. Tout se passe comme si le fait de chercher des réponses entretenait le questionnement. Il s'agit donc d'arrêter les réponses pour stopper les questions. C'est ce que vous venez de faire en adoptant de manière systématique une réponse irrationnelle...

★ Exercice 13 : Esprit de contradiction

Prenez un instant pour vous imaginer dans les situations suivantes, puis choisissez parmi les réactions proposées celle qui serait la vôtre.

❶ Enfant, vous venez de décider de ranger votre chambre et n'avez pas encore commencé. Votre mère vous interpelle et vous ordonne de ranger votre chambre immédiatement.

a) Vous vous sentez encouragé : c'est parti, vous vous y mettez !

b) Vous avez tout de suite moins envie de la ranger. Ce n'est pas si gênant ces jouets par terre après tout !

❷ Vous êtes au travail. Vous venez de terminer une tâche et vous vous préparez à en entamer une autre quand votre patron vous demande justement de le faire.

a) Son intervention vous stimule, vous attaquez le dossier avec enthousiasme.

b) Curieusement, votre entrain diminue, vous vous dites que cette tâche n'est finalement pas si pressée.

❸ Vous êtes à la maison et vous vous apprêtez à aller chercher des croissants, quand votre conjoint vous demande : « Tu peux aller à la boulangerie ? »

a) Son intervention vous motive, vous attrapez votre manteau et filez chercher des viennoiseries.

b) Vous avez tout de suite moins envie d'aller faire cette course. Il pourrait y aller lui aussi !

Commentaires

La majorité d'entre vous aura choisi les réponses **1b**, **2b** et **3b**. Analysons ces réponses.

1b. La nature nous a dotés de cette curieuse faculté d'être particulièrement fier de notre libre arbitre. Or ici, vous venez de perdre la propriété de votre choix. Ce que vous avez ressenti est naturel.

2b. Votre patron vient de vous voler votre initiative et inconsciemment, vous n'avez plus l'impression de piloter votre travail. Votre motivation est retombée. Tout est normal !

3b. Rien d'étonnant ici ! Vous avez inconsciemment eu l'impression de perdre une part de votre liberté. Vous vous retrouvez en situation d'obéir à votre conjoint, alors que vous vous apprêtiez à lui faire un de ces petits cadeaux du quotidien qui, aussi banals soient-ils, entretiennent la relation.

Tu te rends compte ?! Ça m'a tellement énervée !
Alors je lui ai dit…
Et elle m'a dit…

CHAPITRE 2

LÂCHER PRISE FACE AUX AUTRES

Quand un problème se présente, nous pensons souvent très naturellement que c'est de la faute de quelqu'un d'autre. Les exercices qui suivent vous invitent à faire un pas de plus à contre-courant des idées reçues, pour apprendre à gérer l'insupportable et l'ingérable, quand l'autre vous énerve et vous fait souffrir.

Par la même occasion, certains comportements qui entretiennent la souffrance ou l'inconfort seront analysés.

★ Exercice 14 : Face aux geignards...

Imaginez-vous dans les situations suivantes et choisissez l'option qui vous semble la plus à même de satisfaire tout le monde.

1. Votre adolescent passe son temps, à geindre, à dire que tout va mal et que de toute façon, rien ne changera jamais. Vous avez fait pratiquer tous les examens médicaux possibles : ses douleurs diverses et son mal de ventre

chronique n'ont pas de cause organique reconnue. Dans l'après-midi, il vient se plaindre alors que vous êtes en train de faire vos comptes. Que lui dites-vous ?

a) « Je t'écouterai ce soir, pour l'instant j'ai autre chose à faire ! » Cet adolescent geignard vous exaspère...

b) « Excuse-moi, je suis occupé et je ne peux pas t'écouter convenablement. Je finis mes comptes et je suis à toi. » Une fois que vous avez terminé, vous lui consacrez un moment: « Je suis à toi, tu voulais me dire quelque chose ? »

c) « Tu es hypocondriaque, mon chéri, ce n'est pas grave et ça se soigne ! Fiche-moi la paix maintenant, veux-tu ? »

❷ Ce matin, comme tous les jours, votre mère vous appelle sur votre téléphone portable alors que vous vous rendez au travail. Elle vous fait part des injustices dont elle a encore été victime, des malheurs qui l'accablent, et de tout ce qu'elle reproche au monde entier. Que lui répondez-vous ?

a) « Ne m'appelle plus à cette heure-là ! De toute façon, j'en ai ras le bol de tes problèmes, il faudrait que tu grandisses un peu maman ! » Vous raccrochez énervé.

b) « Je te rappelle tout à l'heure, ça va couper ! » Vous n'avez pas du tout l'intention de la recontacter avant la semaine prochaine...

c) « Écoute maman, j'entends que tu as plein de choses à me dire et cela me ferait plaisir de pouvoir les écouter, mais là, je suis dans les transports et ce n'est pas pratique, je te rappelle un peu plus tard. » Vous tenez ensuite parole.

❸ Comme à chaque fois que vous le croisez, votre collègue commence à dénigrer l'entreprise dans laquelle vous travaillez, à critiquer l'incompétence des chefs, à se lamenter de la négligence des employés et à pointer les bugs du dernier système informatique installé. Que lui répondez-vous ?

a) « J'ai besoin de me sentir bien dans mon travail et ces critiques, aussi justifiées soient-elles, me découragent vraiment. Pouvez-vous les réserver à votre hiérarchie ? Je viendrai vous consulter sur ces dysfonctionnements si besoin. » Vous lui souhaitez ensuite une bonne journée et tournez les talons.

b) « Tu connais Caliméro ? Non ? Je te suggère de l'ajouter à tes amis Facebook, vous avez beaucoup en commun ! » C'est incroyable le temps qu'il peut vous faire perdre celui-là...

c) Rien, vous ne parvenez pas à le couper dans son élan. Vous attendez donc qu'il ait fini sa logorrhée et retournez découragé dans votre bureau.

Commentaires

Voici les réponses les plus efficaces pour tenir compte à la fois des besoins de votre interlocuteur et des vôtres.

1b. Si votre fils se confie à vous au moment où vous l'y invitez, écoutez-le sincèrement et remerciez-le de vous avoir fait part de tous ses malheurs. Réservez-lui un moment chaque soir durant lequel vous vous rendrez totalement disponible pour l'écouter exposer son mal-être.

En dehors de cette plage de temps précise, s'il vous sollicite pour se plaindre, signifiez-lui que vous l'écouterez de nouveau le soir prochain et tenez bon ! Après quelques séances, les jérémiades disparaîtront...

2c. Rappelez effectivement votre mère un peu plus tard, et là, demandez-lui de vous raconter tout ce qu'elle voulait vous dire. Ne manquez pas de l'inviter à vous parler des sujets dont elle se plaint d'habitude. Après quelques rappels de la sorte, vous constaterez que vos relations deviennent plus paisibles.

3a. C'est risqué, vous dites-vous ? Ce type d'individu souffre généralement de ne pas avoir rencontré de limite à ses débordements et ne se rend plus compte de sa situation. En lui faisant une telle réponse, d'une part vous exprimez sincèrement ce que vous ressentez, et d'autre part vous lui ouvrez les yeux sur l'impact que peut avoir son discours sur son entourage professionnel.

★ Exercice 15 : Face aux peureux...

Vous ne savez plus comment gérer les peurs irrationnelles et récurrentes d'un de vos proches (enfant, conjoint, collègue...). Analysons un peu le phénomène pour mieux comprendre quelle attitude adopter face à quelqu'un qui a peur.

Réfléchissez aux situations suivantes et répondez aux questions posées.

1. Avez-vous déjà essayé d'empêcher un enfant d'avoir peur ? Si oui, qu'avez-vous observé ? Si non, allez dans un jardin public ou un zoo et observez la manière dont les enfants réagissent quand on essaie de les empêcher d'avoir peur.

....

....

....

2. Vous avez probablement été amené à raisonner une personne de votre entourage qui avait peur du noir, de l'avion, des araignées, etc. Comment avez-vous procédé ? Quel a été le résultat de votre action ?

....

....

....

3. Observez bien quelqu'un qui a peur quand on essaie de le rassurer avec des « ce n'est rien », « c'est juste... », « il ne faut pas avoir peur » ou des explications plus fournies. Que se passe-t-il ? Est-ce efficace ?

....

....

....

Commentaires

Vous avez dû observer que l'adulte qui prétend empêcher un enfant d'avoir peur a du mal à mener sa tâche à bien. La peur est incontrôlable, c'est un indicateur nécessaire à notre survie. Seule l'expérience permet de transformer ce signal en action adaptée au contexte.

Celui qui a peur ne se laisse pas convaincre, car l'émotion échappe au raisonnement. Essayer de convaincre quelqu'un de ne pas avoir peur équivaut à lui envoyer deux messages opposés dont les effets se conjuguent :

- « tu as tort de ressentir cette crainte » : il ne se sent donc ni accueilli, ni compris. La prochaine fois, c'est promis, il vous montrera qu'il a vraiment peur, histoire de bien vous faire savoir ce qu'il ressent et de vous prouver qu'il a raison ;
- « tu as des raisons d'avoir peur puisque j'essaye de te rassurer ». Celui qui rassure perd alors tout espoir de faire diminuer la peur de son interlocuteur.

La situation vous paraît insoluble ? Passez à l'exercice suivant !

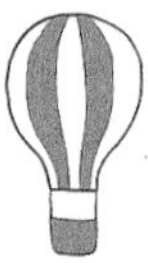

★ Exercice 16 : Brrr ! Il a peur…

Utilisez les enseignements de l'exercice précédent pour trouver la réponse adaptée à la situation suivante.

Votre enfant de six ans a été terrorisé par l'orage lorsqu'il était chez ses grands-parents hier soir. Comment abordez-vous le sujet lorsqu'il rentre chez vous ?

a) « Avec ce que tu me décris, je comprends que tu aies eu peur ! Moi aussi j'aurais été effrayé à ta place... »

b) « Ce n'est rien voyons, l'orage est un phénomène naturel ! Les paratonnerres sont là pour nous protéger. »

c) « La prochaine fois, tu demanderas à Mamie du valium, je suis sûre qu'elle en a en stock ! »

Commentaires

La réponse **a** est la plus efficace pour rassurer votre enfant. Vous auriez pu également lui demander : « Dans cette scène que tu m'as racontée, à quel moment as-tu eu le plus peur ? » ou encore « J'ai bien compris que cela t'a fait peur et je vois que tu es encore tout secoué. Tu peux me dire ce qui t'a le plus inquiété ? » Vous le conduisez ainsi à explorer la scène, posément, bien en sécurité au sein de votre relation.

En procédant de la sorte, vous obtiendrez un apaisement de sa peur, car il entend et sent que vous avez reconnu sa terreur et qu'il a le droit de la ressentir. Par ailleurs, sa peur aura perdu en intensité la prochaine fois qu'il se retrouvera dans une situation similaire, car elle lui est désormais plus familière vu que vous la lui avez fait parcourir mentalement.

★ Exercice 17 : De surenchère en escalade...

C'est plus fort que vous, vous ne parvenez pas à vous empêcher de tomber dans l'escalade verbale en cas de désaccord avec votre conjoint. Avez-vous déjà pris conscience de la dynamique à l'œuvre ?

Remémorez-vous une discussion houleuse durant laquelle vous avez essayé de convaincre votre conjoint et choisissez parmi les réponses ci-dessous celles qui vous correspondent.

❶ Quand vous sentez que la discussion se transforme en joute verbale avec votre conjoint, vous avez l'impression que votre relation de couple :

a) s'améliore.

b) a tendance à se dégrader.

❷ Vous diriez alors que votre conjoint :

a) arrive à changer de point de vue.

b) campe encore plus sur ses positions.

❸ Vous avez alors le sentiment :

a) de gérer la situation.

b) de perdre le contrôle.

❹ Entrer ainsi dans la spirale de la justification vous semble :

a) une attitude constructive.

b) une tentative inefficace de régler la situation.

Commentaires

La dynamique de l'escalade répond usuellement au chemin des **b**: la relation se dégrade (**1**), votre conjoint campe encore plus sur ses positions (**2**) et vous avez alors le sentiment de perdre le contrôle (**3**). Plus vous poursuivez dans cette voie, et plus elle vous semble inefficace pour régler la situation (**4**).

Quand votre conjoint vous assène de fausses vérités, vous craignez que ses erreurs de jugement répétées n'entraînent la ruine de votre relation. Il est donc important pour vous de faire admettre à votre conjoint la réalité. Pourtant, en vous justifiant, vous ajoutez une marche à l'escalade et confirmez ainsi les critiques qui vous sont adressées. Cette situation, bien que douloureuse, est entièrement normale : la peur est ancrée si profondément en vous, du fait de l'importance de l'enjeu (votre relation !), que vous voulez tout faire pour éviter la catastrophe et ne pouvez vous empêcher d'intervenir. Malheureusement, vos interventions viennent jeter de l'huile sur le feu et vous vous brûlez. L'exercice **n° 35** « Face à vos peurs » pourrait vous être utile.

★ Exercice 18 : Chut ! Écoutez...

Imaginez-vous dans la situation suivante et choisissez l'option qui vous permettrait de ramener la paix dans votre foyer.

Comme tous les soirs, votre conjoint vous fait un procès en règle en vous accusant d'être la cause de tous ses malheurs. Comment réagissez-vous ?

a) Vous lui flanquez deux claques pour qu'il revienne à la raison.

b) Vous vous lancez dans une joute verbale pour essayer de lui montrer qu'il se trompe.

c) Vous l'écoutez posément et silencieusement en l'invitant de temps en temps à enrichir sa diatribe de nouveaux éléments.

Commentaires

Seule la réponse **c** a des chances de ramener la paix dans votre foyer : votre conjoint aura l'impression d'être écouté et de compter pour quelqu'un. Il se sentira important (enfin !) et se calmera petit à petit. Dans le cas **a**, votre conjoint, qu'il revienne ou non à la raison, se sentira humilié et vous en voudra, et le conflit perdurera ou ressurgira ultérieurement. Dans le cas **b**, l'escalade verbale est assurée, et vous risquez de ne plus vous supporter mutuellement.

Les êtres humains ont besoin de se sentir compris. Quand ce n'est pas le cas, ils insistent jusqu'à obtenir l'assentiment de leur interlocuteur, ou jusqu'à se convaincre qu'il faut en changer : la rupture de la relation apparaît alors inconsciemment comme « la » solution. Pour interrompre ce processus, montrez à l'autre qu'il a été entendu, que vous soyez ou non d'accord avec lui. Arrêtez ce que vous étiez en train de faire pour l'écouter et vous intéresser à son discours. Entraînez-vous à agir de la sorte dans les semaines qui viennent.

★ Exercice 19 : Assez !

Vous avez l'impression d'être le bouc émissaire et le souffre-douleur de l'une de vos relations professionnelles ou familiales que vous ne pouvez éviter de croiser ? Analysons un peu le phénomène pour mieux comprendre quelle attitude adopter face à un tel bourreau.

Choisissez parmi les propositions ci-dessous celles qui vous correspondent.

1 Quand vous vous faites agresser, rabaisser ou humilier pour la énième fois par une même personne :

a) vous vous laissez faire sans vous remettre en question.

b) vous finissez par douter de vous.

2 Quand vous doutez, vous semblez :

a) fort.

b) faible.

3 Quand vous semblez faible, votre adversaire a l'impression d'avoir :

a) un adversaire à sa hauteur.

b) un adversaire de piètre valeur.

4 Quand cette personne se rend compte que son adversaire n'est pas à la hauteur, elle a tendance à :

a) le respecter.

b) le mépriser.

5 Face à la faiblesse de son adversaire qu'il finit par mépriser, l'agresseur aura plutôt tendance :

a) à s'arrêter et à laisser sa victime tranquille.

b) à en profiter et à poursuivre sa maltraitance.

Commentaires

Quand vous vous faites agresser, rabaisser ou humilier de manière répétitive par une même personne, alors, vous doutez de vous (**1b**) et semblez faible (**2b**). Votre agresseur a l'impression que vous êtes un adversaire de piètre valeur (**3b**). Il se met alors à vous mépriser (**4b**) et va chercher à vous le faire payer (**5b**). Chacune de ses nouvelles piques ou allusions vous atteint, vous affaiblit encore et l'incite à vous pousser à bout. Malheureusement pour vous, ne rien faire vous conduit à accumuler vexations et souffrances morales jusqu'à l'épuisement. L'exercice suivant devrait vous être utile.

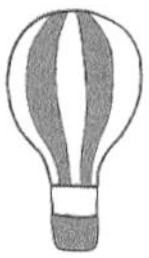

★ Exercice 20 : Merci, tu me rends fort !

Vous êtes poursuivi par les remarques humiliantes et les dévalorisations systématiques de votre patron, d'un collègue, de votre conjoint ou d'une personne de votre entourage, et vous n'en pouvez plus. Ces agressions se répètent tellement souvent (à croire que c'est pathologique chez votre « bourreau » !) qu'elles ne vous laissent même pas le temps de souffler. Avez-vous déjà pensé que ce qui ne tue pas rend plus fort ?

Asseyez-vous confortablement, et imaginez-vous en face de votre agresseur « pathologique ».

1. Auriez-vous imaginé être capable d'endurer ce qu'il vous fait vivre ?

....

....

....

2 Conscient de ce qu'il vous a fait traverser, conscient des épreuves auxquelles il vous soumet, vous réalisez que vous êtes toujours debout, que vous êtes rendu bien au-delà de vos limites. Vous ressentez à la fois de l'étonnement et de la tristesse, voire de la colère. Vous vous découvrez une once de volonté. Et là, vous décidez l'inimaginable, l'illogique, ô combien évident pourtant, et vous vous entendez lui déclarer : « Merci, j'ai compris que tu (vous) fais (faites) cela pour mon bien et que cela me renforce, continue(z), merci ! » Répétez-vous cela jusqu'à l'avoir en bouche avec conviction, et préparez-vous à le dire à votre agresseur une fois qu'il aura lancé sa pique du jour, et seulement après.

Quel a été le résultat de cette expérience ?

....

....

....

....

....

....

....

....

....

....

....

Commentaires

Dans la mesure où vous n'en pouvez plus d'être la cible d'agressions diverses, vous avez déjà enfilé le costume de victime, et votre « bourreau » s'en nourrit. En vous tenant prêt à le remercier de vous entraîner à être fort, vous adoptez une attitude tout autre que celle de la victime, puisque vous avez à faire face et non à encaisser une fois de plus.

Le fait d'avoir cette réplique en tête et d'être prêt à la dire – après vous être fait agresser et seulement après – s'accompagne donc d'une attitude non verbale complètement différente de celle que votre agresseur « pathologique » a l'habitude de rencontrer inconsciemment. Cela suppose que vous avez accepté l'agression, seule condition qui permette d'y faire face. Vous avez lâché prise, vous avez accepté l'inacceptable... qui ne se produit plus, car votre agresseur s'arrête comme par enchantement.

★ Exercice 21 : Hep, un peu de lumière !

Revenez à l'exercice n° 2 « Jeux de lumière » et prenez le temps de jouer avec la lumière, avant de passer à l'exercice suivant.

★ Exercice 22 : Un homme averti en vaut deux

Vous avez le sentiment qu'ils cherchent à vous mettre des bâtons dans les roues, à saboter ce que vous faites, à vous nuire, à ternir votre image, à prendre votre place... Ils ? Mais tous, bien évidemment ! Même parmi vos amis ou au sein de votre famille, il y en a sûrement qui complotent dans votre dos... Comment en avoir le cœur net ?

Imaginez-vous dans les situations suivantes, puis choisissez à chaque fois l'attitude qui vous semble la plus efficace.

❶ Vous avez le sentiment que vos collègues parlent dans votre dos depuis quelques semaines. Vous trouvez qu'ils vous regardent de manière méprisante ou agressive. Quelle attitude adoptez-vous ?

a) Vous gardez l'œil ouvert et vous vous tenez prêt à saisir discrètement le moindre signe d'animosité.

b) Vous baissez systématiquement les yeux pour éviter de vous sentir blessé par les regards hostiles.

❷ Vous pensez que vous allez bientôt être la cible d'actions malveillantes de la part de ces mêmes collègues. Quelle attitude adoptez-vous ?

a) Vous vous isolez, allez déjeuner seul de votre côté pour ne pas entendre les rumeurs qui circulent sur votre compte.

b) Vous vous incrustez dans tous les groupes de façon à obtenir l'air de rien le maximum d'informations sur ce qui se trame contre vous et vous préparer à prendre les mesures adaptées.

❸ Après quelques semaines, vous avez décidé de prendre le taureau par les cornes et de comprendre ce qui se trame contre vous au bureau. Comment vous comportez-vous ?

a) Vous êtes aux aguets, au risque de montrer à ceux qui vous nuisent que vous les surveillez.

b) Vous faites comme si de rien n'était et observez tout sans vous trahir.

Commentaires

1a. La meilleure façon de survivre dans un univers hostile est de savoir d'où vient le danger et sous quelle forme, afin de ne pas être pris au dépourvu.

2b. Être au sein de l'action, comme si de rien n'était, permet de collecter discrètement les informations diverses qui ne manqueront pas de circuler sur les actes malveillants en préparation.

3b. Ne rien laisser paraître est la meilleure façon de surprendre ceux qui cherchent à vous nuire !

★ Exercice 23 : De bien maigres preuves...

C'en est trop, vous avez décidé d'en finir avec tous ceux qui vous veulent du mal. Avant d'envisager quelque action que ce soit, il est important d'avoir des données objectives opposables à votre conscience et aux tiers si besoin était...

Suivez les consignes ci-dessous en utilisant les enseignements de l'exercice précédent.

1. Le soir, notez les éléments survenus dans la journée montrant que l'on a cherché à vous mettre des bâtons dans les roues, à saboter ce que vous faites, à vous nuire, à ternir votre image, à prendre votre place... Décrivez concrètement les faits.

....

....

....

....

....

....

2. Le lendemain matin, faites la liste de tous les éléments du même ordre qui devraient survenir dans la journée.

....

....

....

....

....

Sans rien laisser paraître ensuite, vaquez à vos occupations quotidiennes.

3. Le soir venu, barrez dans la liste effectuée le matin les événements qui sont survenus au cours de la journée.

4. Continuez cet exercice une vingtaine de jours. Que constatez-vous ?

....

....

....

Commentaires

Vous avez certainement constaté qu'au fil des jours, les actes malveillants – aussi graves semblaient-ils au départ – paraissent moins importants. En vous attachant à faire comme si de rien n'était, tout en restant à l'affût de signes concrets et vérifiables, vous adoptez naturellement une attitude nouvelle.

De fait, dans ce nouvel état d'esprit, les autres interagissent avec vous avec davantage de franchise et de respect. Enfin, vous constatez que la chasse aux preuves donne une bien maigre prise, et vous gagnez en sérénité. Vous êtes sur la bonne voie, continuez ainsi !

★ Exercice 24 : Face aux ingrats...

Imaginez-vous la scène suivante, puis répondez à la question posée en choisissant la (ou les) option(s) qui vous correspond(ent).

Pour vous, les amis c'est important, alors dès que ces derniers vous appellent pour un service, vous répondez présent. Le déménagement de Sophie, vous y étiez ! Quand Julie a besoin de quelqu'un pour récupérer le petit Raphaël, quatre ans, à la sortie de l'école maternelle parce qu'elle a un rendez-vous de dernière minute, elle fait appel à vous ! Le transfert à l'aéroport de Michel pour son départ en vacances, c'est encore vous ! Tous vos amis le savent, ils peuvent compter sur vous...

Seulement voilà, dimanche dernier, quand vous n'arriviez pas à monter la nouvelle armoire dont vous rêviez depuis des années et que vous aviez enfin dénichée chez un antiquaire, personne n'a été disponible pour vous aider. Vous vous êtes retrouvé seul au milieu des pans d'armoire. Bizarrement, vous vous êtes senti « ramollir » intérieurement, et un cafard monstrueux vous a saisi, débouchant quelques heures plus tard sur de la colère et des pleurs. Vous qui faites passer l'amitié avant tout constatez que ce principe est loin d'être partagé par vos amis. Comment réagissez-vous ?

a) Vous plongez dans une méga-introspection : vous avez forcément dû faire une bourde sans vous en rendre compte et on vous en tient rigueur.

b) Vous décidez de vivre votre besoin de rendre service en vous engageant dans des associations caritatives, tout en vous cloîtrant le reste du temps de peur d'une nouvelle déception.

c) De rage, vous envoyez à quelques amis choisis des SMS dans lesquels vous leur faites part de votre amertume.

d) Vous téléphonez à votre mère et passez une heure à vous lamenter sur la dureté de la vie, tout en lui glissant quelques reproches à peine voilés (après tout, elle ne vous a pas préparé à affronter cette jungle inhumaine !).

e) Vous ouvrez *50 exercices pour lâcher prise* et vous mettez en pratique l'exercice le plus adapté à votre situation (le suivant en l'occurrence).

Commentaires

Toutes les réponses autres que la **e** vous conduisent à vous faire du mal, car elles ouvrent la porte à l'isolement et à la dévalorisation personnelle. Vous êtes déçu, blessé et cela se comprend. Quelle que soit votre réaction face à cette situation, il est normal que vous vous sentiez touché par ce qui vient de vous tomber sur la tête. Passez à l'exercice suivant, il devrait vous être utile !

★ Exercice 25 : Qui trop aide mal étreint

Aider son prochain recèle un piège tellement évident qu'il en est devenu insoupçonné. Cet exercice vous le fait redécouvrir s'il était besoin. Ouvrez grand vos yeux et vos oreilles !

Mettez-vous à la place de celui qui demande de l'aide pour mieux comprendre sa position et choisissez parmi les propositions suivantes celles qui vous correspondent.

1 Quand vous demandez de l'aide, c'est que vous êtes :

a) à même de vous débrouiller seul.

b) en difficulté.

2 Quand vous êtes en difficulté, vous vous sentez plutôt :

a) capable de faire face à la situation.

b) incapable de faire face à la situation.

3 Quand vous vous sentez incapable de faire face à la situation :

a) vous vous sentez plutôt fier.

b) vous vous sentez plutôt honteux.

4 Quand vous recevez de l'aide, celui qui vous aide le fait plutôt :

a) parce qu'il vous hait.

b) parce qu'il vous aime.

Commentaires

Vos réponses à cette séquence devraient donner quelque chose comme : « Quand je demande de l'aide, je suis en difficulté (**1b**), car je suis incapable de faire face à la situation (**2b**), ce qui fait que je me sens plutôt honteux (**3b**). Je reçois cette aide parce que je suis aimé (**4b**). »

Ainsi, quand vous aidez quelqu'un, vous lui envoyez simultanément deux messages : « je t'aime » et « tu es un incapable ». Or personne n'aime être vu en situation d'infériorité. « Les hommes ne s'attachent point à nous en raison des services que nous leur rendons, mais en raison de ceux qu'ils nous rendent ! » Celui qui aide trop n'est donc pas en position d'être estimé ou de voir ceux qu'il a aidés faire preuve envers lui d'une générosité équivalente à la sienne.

Alors, pour vous dégager du piège de l'ingratitude dans lequel vous a plongé votre trop grande générosité, ne refrénez pas votre besoin de rendre service, c'est votre nature et elle est louable. Répétez-vous simplement à chaque fois que vous prenez le chemin d'aider quelqu'un : « L'aider lui envoie deux messages : je t'aime et tu es un incapable. »

★ Exercice 26 : Personne ne m'aime !

Vous pensez peut-être que personne ne vous aime. D'ailleurs, vous êtes même convaincu d'en avoir la preuve... Ce test est fait pour vous !

Répondez à la première question, puis réfléchissez aux conséquences de ce choix, en sélectionnant ensuite l'option la plus cohérente parmi celles proposées.

1. De manière générale, vous vous débrouillez seul sans faire appel à qui que ce soit. Vous constatez que les autres vous proposent :

a) spontanément leur aide.

b) rarement leur aide.

2. Vous constatez que les autres vous proposent rarement leur aide. Vous trouvez qu'ils sont :

a) égoïstes, ils ne pensent qu'à eux.

b) respectueux envers vous, ils supposent que vous savez vous débrouiller seul.

3. Vous trouvez que les gens sont égoïstes. Vous avez plutôt :

a) envie d'entrer en relation avec eux.

b) peu envie d'entrer en relation avec eux.

4. Vous n'avez pas envie d'entrer en relation avec les gens. Par conséquent,

a) vous êtes enclin à leur demander de l'aide.

b) vous vous arrangez pour vous débrouiller seul.

Commentaires

1. En l'absence de danger, la discrétion veut généralement qu'on attende qu'une demande d'aide soit formulée pour intervenir (réponse **b**). Dans notre culture, les gens ne prennent usuellement pas l'initiative d'aider quelqu'un qui n'a rien demandé. La réponse **a** est donc rarement constatée.

2 à **4.** En constatant que les autres ne vous proposent pas leur aide, vous finissez par considérer qu'ils ne pensent qu'à eux (**2a**). Par conséquent, vous n'avez guère envie d'entrer en relation avec eux puisqu'ils ne s'intéressent pas à vous (**3b**). Or demander de l'aide implique d'avoir envie d'entrer en relation avec son prochain. Vous vous débrouillez donc seul (**4b**). La boucle est bouclée et se referme sur vous ! Le message « personne ne m'aime » (puisque personne ne m'aide) s'immisce silencieusement en vous.

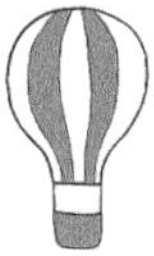

★ Exercice 27 : Une jolie collection de râteaux

Vous avez peur d'être rejeté et d'entendre ce mot désagréable : « Non ! » ? Ce terme fonctionne comme un répulsif puissant dont il vous faut rester éloigné ? Vous ne supportez ni sa présence ni sa perspective, au point de vous sentir démuni quand il vous est adressé ? Il est temps de vous désensibiliser au mot « non ».

Injectez-vous chaque jour une dose minime et inoffensive de « non », jusqu'à désensibilisation complète. Procédez comme suit.

Trouvez une occasion banale, anodine et sans enjeu de poser une question à laquelle vous savez que la réponse sera « non ». Adressez-vous plutôt à des inconnus que vous ne serez pas amené à revoir. Variez les situations et faites cette expérience tous les jours pendant au moins deux semaines. Quel est le résultat de l'opération ?

Si vous êtes par exemple dans la rue du marché, abordez quelqu'un en lui demandant : « C'est bien la rue de la mairie ici ? »

....

....

....

....

....

....

Commentaires

Vous vous sentez certainement ridicule à la perspective d'interroger ainsi des inconnus. Si la première question est peut-être la plus difficile à poser, les suivantes deviendront presque ludiques. Curieusement, alors que vous avez construit vos questions pour entendre un « non » et vivre une sorte de fin de non-recevoir, il vous est certainement arrivé de rencontrer des personnes qui se sont pliées en quatre pour vous et qui vous ont même accompagné jusqu'à la rue de la mairie !

★ Exercice 28 : Faites une pause !

Vous avez lu et mis en pratique certains des exercices précédents et vous vous sentez maintenant bizarre, comme « tout chose », avec une sorte de perplexité ou de gêne sourde au fond de vous. C'est le moment de faire une pause. Ces exercices sont construits pour que vous lâchiez prise… alors allez-y, lâchez prise !

Commentaires

Pensez surtout à respecter les indications de fréquence ou de durée des exercices. Ne soyez pas pressé, laissez le temps à votre organisme de « métaboliser » l'effet de chaque expérience. Ce que vous ressentez est simplement une conséquence de la réorganisation en cours induite par les exercices que vous avez pratiqués : laissez-lui le temps de se mettre en place (le plus souvent, ce processus passe inaperçu et vous en constatez seulement les effets).

CHAPITRE 3

LÂCHER PRISE FACE À SOI-MÊME

Lorsque tout va mal, il vous est parfois difficile d'incriminer les autres, surtout quand vous êtes seul face à vous-même. Tout se passe alors entre vous et vous, ou entre vous et vos propres représentations des autres et du monde.

Les exercices qui suivent ont été conçus pour vous, quand vous trébuchez et que vous ne pouvez plus rejeter la faute sur l'autre.

Attention à vous !

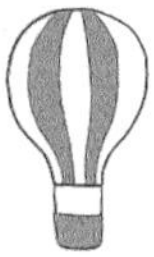

★ Exercice 29 : Moi tout seul !

Êtes-vous capable de demander de l'aide ou vous obstinez-vous à vous débrouiller seul ? Pour le savoir, faites le test !

Imaginez-vous dans les situations décrites ci-dessous et répondez le plus honnêtement possible aux questions posées.

	Oui	Non
Un adolescent vous aborde dans la rue et vous demande un euro pour acheter un timbre. Le lui donnez-vous ?		
Vous êtes en réunion et votre téléphone sonne : c'est votre mère. Prenez-vous la communication ?		
Vous êtes en panne sur un dossier au travail, et vous savez qu'un collègue pourrait vous aider. Continuez-vous à chercher à avancer seul ?		
Vous venez de faire les courses avec votre conjoint. Devant votre porte, les clés de voiture enfilées à un doigt, les sacs à provisions en main, le courrier sous un bras, vous mettez-vous en équilibre sur un pied pour chercher vos clés, alors que votre conjoint porte simplement le pain ?		
Votre enfant de quinze ans vient de voir une publicité pour le dernier *smartphone* et vous demande de lui en acheter un. Accédez-vous à sa demande ?		
Vous avez invité des amis à dîner ce soir et n'avez rien préparé à l'avance. Au moment de quitter votre bureau, vous tombez sur un e-mail de votre fille vous demandant d'imprimer une trentaine de recettes de cuisine. Le faites-vous ?		
Vous cherchez en vain le restaurant dans lequel vos amis vous ont donné rendez-vous. Préférez-vous tourner trois quarts d'heure plutôt que d'interroger les passants ?		
Vous rentrez le soir chez vous, vos enfants de dix et treize ans font leurs devoirs ou se détendent, la machine à laver le linge signale que la lessive lancée le matin attend d'être mise à sécher, la table du goûter n'est pas rangée, la parka du petit dernier traîne dans l'entrée... Mettez-vous de l'ordre sans rien demander à personne ?		
Vous avez horriblement envie de vous moucher et n'avez plus de mouchoirs. Votre conjoint toujours prévoyant en a. Vous attendez d'être nez colmaté et de devoir respirer par la bouche pour penser à lui en demander un ?		

Analyse des réponses

Comptez le nombre de cases « Oui » cochées : ____________

Si vous avez moins de 3 « oui », vous savez demander de l'aide, quitte à vous faire envoyer sur les roses et vous osez dire non, quitte à passer pour un « méchant ». Votre personnalité est affirmée, peut-être au risque de ne plus rendre beaucoup service aux autres.

Si vous avez entre 3 et 6 « oui », vous savez demander de l'aide et refuser la vôtre selon les circonstances, tout en étant suffisamment souple pour rendre service de temps en temps.

Si vous avez plus de 6 « oui », vous vous arrangez pour éviter d'essuyer un refus ou d'en prononcer, ce qui vous déplaît fortement. Vous préférez vous débrouiller seul plutôt que de demander de l'aide. Tout se passe comme si vous aviez peur de vous sentir rejeté. Allez voir du côté des exercices **n° 26** « Personne ne m'aime » et **n° 27** « Une belle collection de râteaux » puis reprenez la suite de votre cheminement.

Exercice 30 : Face à votre colère...

La colère vous emporte ? Cet exercice est fait pour vous !

Note : si vous faites partie de ceux qui ne se mettent jamais en colère et que vous avez ce livre entre les mains, c'est certainement que votre colère reste bloquée intérieurement. Faites alors cet exercice en imaginant ce qu'aurait pu être votre colère. Si imaginer votre colère est impossible, passez à l'exercice **n° 38** « Faites le deuil ».

Faites un effort de mémoire pour vous rappeler la dernière fois que vous vous êtes mis en colère violemment, et répondez aux questions suivantes.

1. Où et quand vous êtes-vous mis en colère récemment ?

Il y a une semaine dans le séjour.

....

2. Comment s'est exprimée cette colère ?

Je me suis mis à crier après ma fille.

....

....

3. Quel était le motif de votre colère à l'instant où elle a explosé ?

Ma fille est encore rentrée en retard par rapport à l'horaire convenu.

....

....

4. Quel était l'objectif de votre colère ?

Faire en sorte que ma fille respecte l'horaire imposé.

....

....

5. Cet objectif a-t-il été atteint ? Comment le savez-vous ?

Je ne pense pas, je m'épuise en vain à essayer d'obtenir qu'elle m'obéisse. J'en saurai plus à sa prochaine sortie.

....

....

❻ **Avez-vous senti votre colère monter ou vous êtes-vous retrouvé hors de vous sans rien avoir vu venir ?**

J'ai explosé malgré moi, alors que je m'étais promis de ne pas m'énerver si elle rentrait tard.

....

....

❼ **Pendant ou après cette colère, vous êtes-vous dit que vous aviez tort de vous mettre en colère ? Avez-vous ressenti de la honte ?**

Après m'être mis en colère, j'ai eu l'impression de reproduire le comportement de mon père avec moi, et j'ai eu honte.

....

....

Commentaires

La colère est une énergie destructrice. C'est le dernier recours devant l'impuissance à gérer la situation, la force du désespoir de celui qui veut faire respecter son intégrité, parfois même au péril de sa vie. Très souvent, la colère a pour origine une douleur ou une peur impossible à vivre.

La colère a pour but d'impressionner et de faire fuir ce qui en est l'objet. Pour cela, la personne sous l'emprise de cette émotion est prête à porter préjudice, voire à détruire ce qui s'oppose à elle. Ce sentiment est donc visé d'interdit dans la vie en société, il doit être contenu, et la culpabilité est éduquée à son égard pour rappeler que « ce n'est pas bien de se mettre en colère ».

★ Exercice 31 : Un peu de bon sens...

Répondez aux questions suivantes en faisant appel à votre bon sens.

❶ Que se passe-t-il quand on dresse un barrage en travers d'un fleuve ?

....

....

....

❷ Que se passe-t-il quand on ne prévoit pas de vanne de vidange sur un barrage dressé en travers d'un fleuve ?

....

....

....

❸ Que se passe-t-il quand la crue arrive et qu'un barrage dressé en travers d'un fleuve n'a pas de vanne de vidange ?

....

....

....

❹ Que se passe-t-il quand une vanne de vidange est installée sur le barrage et que des canaux sont aménagés en amont et en aval ?

....

....

....

Commentaires

Quand un barrage est installé en travers du cours d'un fleuve, l'eau s'accumule derrière (**1**). S'il est conçu sans vanne de vidange, il se remplit à déborder (**2**) et la première crue passe par-dessus, fouillant et ravinant ses fondements (**3**). La seconde crue l'emporte si la première ne l'a pas déjà fait (**3**), détruisant tout sur son passage. Quand une vanne de vidange est aménagée ainsi que des canaux en amont et en aval, irrigation et force motrice peuvent être combinées pour profiter à la fois du débit normal du fleuve et des crues (**4**).

La colère est comme un fleuve : vouloir la contenir sans fin risque de tout détruire à terme. Cette émotion a besoin d'être canalisée.

★ Exercice 32 : À vos plumes !

La colère vous ronge ? Voici un petit exercice qui vous permettra de vous décharger progressivement de cette manifestation encombrante.

Prenez une feuille de papier et un crayon et asseyez-vous confortablement. Repensez à quelqu'un ou quelque chose qui vous met franchement et régulièrement en colère, puis procédez comme suit.

1. Inscrivez la date du jour, le lieu d'où vous écrivez, puis en haut de la page « cher ou chère… » suivi du nom de la personne ou de l'objet contre lequel votre colère est dirigée.

2. Écrivez-lui ensuite ce que vous avez sur le cœur : tout ce que vous avez toujours souhaité lui dire, tous les noms d'oiseaux dont vous avez envie de l'affubler, toute votre haine et votre violence, tout le fiel qu'il fait remonter en vous, d'autant plus librement que vous ne lui enverrez pas cette missive…

3. Libérez ainsi votre colère, sans aucune censure ni retenue, sans jamais vous relire, et quand votre stylo s'arrête, quand vous en avez fini pour cette fois, signez votre œuvre.

4. Ensuite, détruisez cette lettre de la façon la plus libératrice qui soit pour vous.

5. Recommencez le même travail le lendemain et les jours suivants pendant une bonne dizaine de jours. Au fur et à mesure, insérez des détails concrets, des descriptions factuelles qui justifient la violence et la persistance de votre colère.

Commentaires

Écrire de la sorte libère. La première lettre a peut-être été difficile à rédiger : il faut faire sauter le « bouchon » qui retient votre colère. À la fin de la lettre, vous vous êtes probablement déjà senti soulagé. Cependant, ce n'est pas suffisant : vous n'avez enlevé que la mousse de surface, pas le stock de colère accumulé au fil du temps. Il vous faut donc recommencer. Au bout de quelques jours, le cœur n'y est plus, l'écriture devient moins aisée, l'exercice paraît artificiel : continuez encore deux ou trois fois. C'est à ce prix que vous ferez lâcher prise à votre colère et que vous pourrez considérer la personne ou la situation responsable de ce sentiment plus librement.

★ Exercice 33 : Face à vos idées fixes

Vous avez la tête encombrée d'idées revenant sans cesse en une forme de ritournelle désagréable qui accapare votre attention ? Comment réagissez-vous d'habitude pour vous en débarrasser ?

Choisissez pour chaque question la réponse qui vous correspond parmi les options proposées ci-dessous.

1 Face à des pensées envahissantes, que faites-vous ?

a) Vous les laissez s'installer au quotidien.

b) Vous cherchez à les chasser.

2 Quand vous cherchez à chasser vos pensées envahissantes, que se passe-t-il ?

a) Vous obtenez des moments de répit et elles finissent par disparaître.

b) Elles reviennent quoiqu'il arrive et vous n'arrivez pas à vous en défaire.

3 Quand vous constatez que chasser vos pensées envahissantes est inefficace et que vous cessez de faire quoi que ce soit, que se passe-t-il ?

a) Ces pensées s'en vont.

b) Ces pensées s'installent.

Commentaires

La séquence usuelle est celle des **b**: face à des pensées envahissantes, vous cherchez à les chasser (**1**), or elles reviennent (**2**), montrant ainsi que les chasser est inefficace. En revanche, si vous ne faites rien, ces pensées s'installent et vous envahissent quand même (**3**). L'exercice suivant devrait vous être utile.

★ Exercice 34 : Une bonne purge

Votre esprit est envahi par des idées fixes qui « absorbent » toutes vos ressources et tout ce que vous avez essayé pour vous en débarrasser est resté vain ? Pratiquez comme suit !

Faites l'expérience suivante à partir de maintenant et durant les deux semaines à venir.

Armez-vous d'une feuille de papier et d'un crayon et, chaque heure, écrivez et décrivez toutes ces idées qui vous encombrent la vie, pendant cinq minutes montre en main. Quel est le résultat de cette expérience ?

....

....

....

Commentaires

Vous avez dû constater que vos notes sont de plus en plus télégraphiques et que, curieusement, au fil des jours, vos ruminations s'éloignent. Continuez ainsi toutes les trois heures pendant encore une semaine, puis à la demande quand vous avez l'impression que ces pensées ou d'autres pourraient devenir encombrantes. Dans ce dernier cas, prenez le temps de décrire précisément ce qui vous pollue l'esprit comme vous l'avez fait initialement.

★ Exercice 35 : Face à vos peurs...

Vos peurs vous paralysent ou vous dérangent et vous souhaitez remédier à la situation ? Commencez par faire le point sur votre attitude face à la peur.

Installez-vous confortablement et pensez à une situation qui vous fait peur. Choisissez ensuite parmi les propositions ci-dessous celles qui vous correspondent.

1 **Penser à cette situation :**

a) a été facile pour vous.

b) vous a demandé un effort.

2 **Si l'on ne vous avait pas demandé de penser à cette situation :**

a) vous auriez plutôt évité de la rencontrer, même mentalement.

b) vous auriez pu vous surprendre à en rêver tranquillement.

3 **Quand vous pensez à cette situation :**

a) vous avez simplement peur qu'elle se réalise.

b) vous avez aussi peur de rencontrer votre peur que peur qu'elle se réalise.

Commentaires

Je présume que vous avez répondu, comme la majorité des gens, qu'il vous faut faire un effort pour penser à une situation qui vous fait peur (**1b**). Naturellement, vous faites tout pour l'éviter (**2a**), et vous développez même des trésors d'ingéniosité pour ne pas penser à ce qui pourrait vous faire peur, ce qui revient à avoir peur d'avoir peur (**3b**). De ce fait, vous vous efforcez de penser à ne pas penser à cette peur ou de penser à ne pas avoir peur, ce qui revient à penser encore plus à ce qui vous fait peur... Bref, c'est la spirale infernale ! L'exercice suivant devrait vous aider...

★ Exercice 36 : Affrontez vos démons !

Vous faites tout pour éviter ce qui vous fait peur et curieusement, vous n'en avez pas moins peur ? Rien de plus normal, tentez l'expérience que nous vous proposons de vivre !

Installez-vous confortablement et veillez à ne pas être dérangé. Suivez ensuite les consignes ci-dessous.

1. Prenez un réveil, un téléphone portable ou une minuterie quelconque. Réglez la sonnerie sur 20 minutes et lancez le compte à rebours.

2. À partir du moment où les minutes commencent à s'égrener, invoquez vos peurs, qu'il s'agisse d'une simple inquiétude ou d'une véritable angoisse, qu'elles soient ponctuelles ou récurrentes. Imaginez volontairement ces peurs et pour chacune, représentez-vous leurs pires conséquences, les plus dérangeantes... Imaginez que, chaque fois qu'une conséquence négative survient, une autre s'y ajoute, et ainsi de suite, de catastrophe en catastrophe.

3. Quand la sonnerie retentit, c'est TERMINÉ. Levez-vous, respirez un grand coup, passez-vous de l'eau sur le visage, rangez ce que vous avez pu mettre de côté pour être installé confortablement, et reprenez le fil de votre journée.

❹ Si un élément qui relève de vos peurs survient ensuite, accueillez-le, identifiez-le et donnez-lui rendez-vous pour une prochaine séance comme celle que vous venez de faire.

❺ Reprenez l'exercice chaque jour pendant dix jours. Quel est le résultat de cette expérience ?

....

....

Commentaires

Vous avez probablement constaté au fil des séances qu'invoquer vos peurs n'est pas si évident. Pourtant, vous y parvenez. Curieusement, vous ne vous êtes pas enfui en courant. Pire, vous avez certainement eu l'impression que vous n'arriviez pas à avoir peur et donc à faire l'exercice. Tout cela est normal : vous avez décidé volontairement de regarder ce que vous craignez à un moment choisi par vous, dans un cadre sécurisé par la sonnerie destinée à vous extraire de vos pensées.

En invoquant vos peurs et l'enchaînement de leurs conséquences catastrophiques, vous avez généré les images mentales associées à cette émotion, phénomène naturel et spontané, qu'au lieu de réprouver vous avez cherché à amplifier. Au fil des séquences, ce phénomène se « décroche » des situations invoquées rationnellement et volontairement. La peur s'envole petit à petit. Maintenant que vous vous êtes familiarisé avec cette approche, transformez cet exercice en une seconde nature : à chaque fois que la peur affleure en vous, explorez mentalement et tout en continuant ce que vous faites, ce qui pourrait arriver de pire en lien avec cette peur pendant cinq minutes.

Avertissement : si toutefois votre peur s'emballait et si votre confort se dégradait à l'issue de cette expérience alors que vous en avez rigoureusement respecté le cadre, passez aux exercices **n° 22** « un homme averti en vaut deux » et **n° 23** « De bien maigres preuves », ou à l'exercice **n° 45** « Stop au sabotage », selon que vous redoutez plus qu'autrui vous nuise ou que quelque chose de préjudiciable advienne malgré vous.

★ Exercice 37 : Soyez imparfait !

Vous aimez tellement que les choses soient parfaites que vous n'en finissez plus de contrôler et recontrôler ce que vous venez de faire, cherchant le moindre détail qui pourrait vous avoir échappé. Vous avez ce livre entre les mains et vous avez décidé de tordre le cou à cette manie qui vous prend du temps et ronge vos nerfs, quand elle ne pollue pas vos relations familiales ou professionnelles. Cet exercice va vous y aider !

Dans les situations ci-dessous, que pourriez-vous envisager de faire pour lutter contre votre perfectionnisme ? Soyez sincère !

❶ Vous venez de rédiger un courrier que vous allez envoyer. Vous décidez de modifier vos habitudes.

a) Vous le relisez un certain nombre de fois, apportez les corrections qui vous sautent aux yeux et l'envoyez même si vous n'êtes pas sûr qu'il soit parfait.

b) Vous l'envoyez dès que vous avez fini de l'écrire sans l'avoir relu.

c) Vous le relisez jusqu'à ce que vous le trouviez parfait ou presque, puis vous y insérez une coquille ou un petit défaut de présentation avant de l'envoyer.

❷ Chez vous, tout doit être en ordre. En temps normal, quand vous rentrez le soir du travail, le manteau encore sur le dos, vous rangez tout ce que vos enfants ou votre conjoint n'ont pas manqué de déplacer. Pour une fois, vous décidez de modifier vos habitudes.

a) Vous entrez, posez votre manteau, faites comme si tout était en ordre et ne touchez à rien.

b) Vous entrez, rangez tout parfaitement comme vous le faites d'habitude, puis déplacez d'un millimètre un tout petit quelque chose.

c) Vous ne rangez qu'une partie de ce que vous auriez rangé antérieurement.

❸ Quand la table est mise, c'est plus fort que vous, vous voyez tout de suite ce qui n'est pas d'équerre. Votre manie est source d'empoignades familiales, aussi décidez-vous ce soir de faire un effort.

a) Vous corrigez la position des objets de façon à ce que tout soit parfait, puis vous retournez une fourchette et une seule les dents vers le haut (ou vers le bas si vous la mettez d'habitude avec les dents vers le haut).

b) Vous ne corrigez que deux détails sur trois.

c) Vous fermez les yeux sur ce « désordre » et ne touchez à rien.

Analyse des réponses et commentaire

Reportez vos réponses dans le tableau ci-dessous et comptez le nombre de symboles obtenus pour chaque sorte.

♦ : ___________ ♥ : ___________ ♣ : ___________

	a	b	c
1	♦	♥	♣
2	♥	♣	♦
3	♣	♦	♥

Si vous avez un maximum de ♥, vous avez choisi des solutions qui relèvent de l'utopie. Si vous êtes perfectionniste, vous l'êtes jusqu'au bout et vous arrêter par la seule force de votre volonté est impossible. Vous le savez, vous avez déjà essayé et cela a été la meilleure façon de vous sentir mal.

Si vous avez un maximum de ♦, vous avez choisi des solutions envisageables, mais qui relèvent de la torture. Vous vous préparez des moments exécrables, pleins de doutes et de questionnements, et une nuit agitée (si vous n'avez pas craqué avant en vous mettant en colère de façon injustifiée à propos d'une peccadille).

Si vous avez un maximum de ♣, vous avez choisi les seules solutions viables, bravo ! Vous respectez la dynamique de votre difficulté, la nourrissez, et introduisez une certitude mineure et contrôlée dans l'imperfection. Aucun doute ne vous ronge, car vous savez que c'est imparfait. En découvrant au fil des jours qu'aucune malédiction ne s'abat sur votre vie malgré cette imperfection, vous vous apaisez et votre entourage aussi.

Le perfectionniste cherche à se rassurer. En agissant comme il le fait, il pense se protéger de ce qui le dérange alors qu'en réalité, il entretient son trouble et se retrouve piégé. L'introduction volontaire d'une petite imperfection, sans rien changer par ailleurs au processus en cours, entraîne son arrêt.

★ Exercice 38 : Faites le deuil...

Vous avez perdu un proche récemment ou il y a très longtemps, et vous constatez que vous vous sentez triste, abattu, et que vous ne parvenez pas à sortir de cet état. Que vous pensiez ou pas avoir fait le deuil de cette personne, mettez en œuvre ce qui suit.

Note : si vous venez à cet exercice orienté par un autre exercice et si effectivement vous pouvez vous remémorer des images d'un être cher disparu, alors procédez comme suit, sinon passez à l'exercice suivant, « Plus jamais ça ».

En repensant à une personne dont vous étiez très proche et qui est décédée, répondez aux questions ci-dessous.

❶ Avez-vous des souvenirs de cette personne ou de moments passés avec elle qui s'invitent de manière impromptue dans vos pensées ?

❷ Si oui, les laissez-vous vous plonger dans la nostalgie, ou au contraire essayez-vous de les chasser pour qu'ils n'interfèrent pas avec votre quotidien ?

❸ Si non, vous arrive-t-il de penser encore à cette personne ?

Commentaires

Lisez ci-dessous l'analyse du comportement que vous adoptez, puis la méthode que nous vous proposons.

Vous vous laissez envahir par la nostalgie : vous sentez confusément que vous risquez de penser de moins en moins à cette personne, voire de l'oublier, ce qui est inacceptable pour vous, et vous générez ces images à tout moment. Vouloir penser au défunt en continu est voué à l'échec, car le monde des vivants vous rappelle à lui malgré vous.

Vous chassez de manière systématique les souvenirs liés à cette personne : vous ne supportez pas la douleur associée à son départ, vous préférez ne pas penser à elle plutôt que d'avoir mal. Pourtant, plus vous agissez ainsi, plus les souvenirs sont là. Vous êtes en train de vous fatiguer inutilement : son image ou les souvenirs qui lui sont associés font partie de vous.

Vous ne pensez plus du tout à cette personne et elle est devenue comme un étranger pour vous : vous avez réussi à vous anesthésier. Le choc a été trop fort et la douleur n'a pas circulé en vous. La transformation du lien d'attachement affectif profond qui vous liait à elle est bloquée.

Essayez la méthode suivante : prenez chaque jour quelques minutes, à un moment que vous avez choisi, pour rencontrer mentalement la personne décédée et passer un moment privilégié avec elle. C'est un bon moyen de passer des journées riches à la fois de ce que vous avez partagé avec elle et de ce que vous propose le monde des vivants. Chaque fois que des souvenirs ou son image s'invitent dans votre esprit en dehors de cet instant, accueillez-les et donnez-leur rendez-vous pour la prochaine rencontre quotidienne.

★ Exercice 39 : Plus jamais ça !

Il est des situations si dures qu'il y a un « avant » et un « après ». Ce sont des yeux penchés sur soi dans une chambre d'hôpital, la moquerie d'un proche sur un sujet très intime, un instituteur en qui vous aviez toute confiance qui vous trahit, etc. La vie a changé, il n'est plus possible de se comporter comme avant.

Note : si vous venez à cet exercice orienté par un autre exercice, alors deux cas de figure se présentent :

- soit vous vous souvenez avoir vécu des situations dans lesquelles logiquement tout un chacun aurait ressenti une peur, une douleur ou une colère violente et cet exercice peut vous être utile ;
- soit vous n'avez aucun souvenir de la sorte, auquel cas poursuivez votre pratique à l'aide de ce manuel en passant à l'exercice suivant.

Installez-vous confortablement et veillez à ne pas être dérangé. Remémorez-vous l'un de ces instants où vous vous êtes dit : « Je ne veux plus jamais revivre ça ! »

1. Quand vous avez bien la scène en tête, déroulez-la depuis ce qui vous semble être son début jusqu'à cet instant où vous avez senti quelque chose de définitif s'ancrer en vous.

2. Recommencez jusqu'à ce que la situation soit claire pour vous, que les sensations associées se soient décantées et affirmées. Soyez attentif à la lumière, aux sons, aux couleurs, aux contrastes, aux nuances, aux odeurs, à la texture, au contact... Rehaussez-les de façon à faire de cette scène un moment ou une séquence unique, ce qu'elle est déjà de toute façon dans votre histoire. Que cette scène soit descriptible ou qu'elle se traduise juste

par une trace sensorielle que seul vous pouvez reconnaître importe peu : le tout est que ce soit pour vous cette scène et pas une autre.

3. Repassez cet événement en boucle quelques instants, en prenant conscience des détails qui, à chaque passage, se font de plus en plus distincts. Zoomez, changez d'angle de vue et de ressenti.

4. Quand vous l'avez fait quelques minutes, c'est TERMINÉ ! Reprenez le fil de votre journée. Si des éléments liés à cet événement vous reviennent un peu plus tard, accueillez-les, notez-les et donnez-leur rendez-vous pour une prochaine séance.

5. Recommencez l'expérience plusieurs jours de suite. Que constatez-vous au fil des jours ?

....

....

....

....

....

....

....

....

....

Commentaires

Vous remémorer cet instant fort a certainement été difficile. Peut-être même un léger malaise s'est-il installé lors des premiers rappels. Cependant, au fil des jours, tout se passe comme si l'événement se déchargeait de l'émotion qui lui était associée. Cette transformation vous a peut-être laissé un sentiment bizarre, et il vous faut de séance en séance réapprendre à vivre sans les effets mentaux de ce traumatisme.

Maintenant, vous pouvez même invoquer librement cet épisode de votre histoire, alors qu'auparavant, vous faisiez tout pour éviter d'y penser (ce qui ne l'empêchait pas d'interférer en sourdine dans votre présent). Bizarrement, votre quotidien s'est allégé de freins dont vous n'aviez peut-être pas conscience. La peur et la douleur, auparavant bloquées dans cet événement, se sont comme fluidifiées, pour redevenir de simples signaux vous aidant à vous orienter dans la vie.

★ Exercice 40 : Quand les parents s'invitent...

Vous criez comme votre mère ou vous vous justifiez comme votre père ? Pourtant, vous aviez pris l'engagement vis-à-vis de vous-même de ne jamais reproduire ces comportements... Il est temps de prendre les choses en main.

Installez-vous confortablement, veillez à ne pas être dérangé et suivez les consignes ci-dessous.

1. Prenez un instant pour visionner mentalement les souvenirs de votre père ou de votre mère qui veulent bien vous venir à l'esprit, que vos parents y apparaissent seuls ou ensemble, avec ou sans vous. Peu importe que ces souvenirs soient vérifiables ou que vous les ayez construits intérieurement au fil du temps. Rappelez-les, ravivez-les comme un antiquaire peut le faire avec un objet qu'il ramène du passé pour le mettre dans le présent.

2. Une fois ces souvenirs bien présents, que vous puissiez les décrire ou qu'ils constituent simplement une trace sensorielle en vous que vous seul pouvez reconnaître, visionnez-les et repassez-les-vous quelques instants.

3. Rangez-les ensuite dans une pièce imaginaire que vous prenez le temps de visiter avant de la quitter et d'en refermer la porte. C'est TERMINÉ ! Reprenez le fil de votre journée.

4. Le lendemain, revenez dans cette pièce, ajoutez-y de nouveaux souvenirs et prenez le temps de la visiter à nouveau. Puis sortez-en et refermez la porte derrière vous, c'est TERMINÉ ! Reprenez le fil de votre journée.

5. Effectuez cette expérience comme un rituel quotidien pendant un mois, puis visitez périodiquement cet espace mental dans lequel ces souvenirs reposent et enrichissez-le.

6. Que vous a apporté cette expérience ?

....

....

....

....

....

....

Commentaires

En général, les mauvais souvenirs sont les premiers à se présenter. Ne forcez pas votre mémoire à retrouver les bons, laissez faire... Les trésors sont toujours enfouis profondément, il faut traverser plusieurs couches de sédiments avant d'y accéder. Curieusement, en ravivant ces souvenirs et au fur et à mesure que vous les visitez, les comportements liés à votre père ou à votre mère que vous aviez adoptés et qui vous dérangeaient s'estompent. La charge émotionnelle qui y était associée s'est transformée à votre insu, vous avez retrouvé votre latitude de manœuvre. Le passé a repris sa place dans votre histoire et ne pollue plus le présent.

★ Exercice 41 : Une question de posture

Quelle est votre posture habituelle ? Vous tenez-vous droit naturellement ou faites-vous un effort pour ne pas vous avachir ? Peut-être d'ailleurs ne prêtez-vous pas attention à votre maintien… Vous êtes-vous déjà demandé s'il pouvait avoir un impact sur votre moral ? Faites l'expérience suivante pour le savoir.

Suivez les consignes ci-dessous, puis répondez aux questions.

1. Pendant une journée, tenez-vous les épaules rentrées et le dos légèrement voûté. Évitez de regarder les gens en face, examinez plutôt vos pieds. Faites peu de gestes. Bref, rétrécissez-vous ! Que constatez-vous au fil de la journée ?

2. Pendant une journée, tenez-vous les épaules déployées et le dos droit. Orientez votre regard droit devant vous, voire légèrement vers le haut. Soyez mobile : bougez en occupant le plus d'espace possible. Bref, prenez de l'ampleur ! Que constatez-vous au fil de la journée ?

❸ Prenez maintenant une feuille de papier. Pliez-la en deux, marquez bien la pliure plusieurs fois. Ensuite, dépliez-la et aplanissez-la une ou deux fois. Que constatez-vous ?

....

....

Commentaires

1. Dans cette posture, replié sur vous et faiblement mobile, vous avez probablement constaté au fil de la journée que votre entrain a baissé et que votre moral s'est assombri.

2. Dans cette posture plus déployée, outre peut-être quelques petites douleurs qui sont apparues (dues au manque d'habitude), vous avez probablement constaté que votre entrain et votre moral ont eu tendance à s'améliorer au fil de la journée.

3. La feuille, malgré votre soin à la « repasser », se replie en partie sur elle-même.

La posture et le mental vont de paire, ils agissent l'un sur l'autre. Changer de posture physique a un impact sur l'attitude mentale et réciproquement. Cependant, l'expérience avec la feuille nous enseigne que quand un pli est marqué, il est difficile de l'effacer. Ainsi, lorsqu'une attitude mentale a prévalu longtemps, une posture physique s'y est associée. En modifiant votre attitude mentale, vous rencontrerez probablement la résistance du pli physique… et réciproquement.

★ Exercice 42 : Osez l'expérience !

Peut-être êtes-vous accro aux aiguilles et allez-vous rendre régulièrement visite à votre acupuncteur ? Si ce n'est pas le cas et si vous n'avez jamais testé ce genre de pratique, c'est le moment !

Faites l'expérience proposée en jouant le jeu, et notez vos impressions ci-dessous.

Après vous être soigneusement renseigné sur les qualifications ou la compétence d'un médecin acupuncteur, offrez-vous une séance « pour voir ». Allez-y dans l'optique de faire un entretien de routine de votre organisme, d'intervenir sur vos réglages intérieurs.
Si les aiguilles vous font peur au point d'y renoncer, rendez-vous plutôt chez un ostéopathe ou un chiropraticien (renseignez-vous sur ces approches auparavant pour savoir si elles vous conviendront).

❶ Comment vous sentez-vous avant d'y aller ?

....

....

❷ Qu'imaginez-vous ressentir durant la séance ? Qu'en attendez-vous ?

....

....

3. Notez ici les idées, souvenirs, impressions, sensations ou émotions qui traversent votre esprit dans les trois semaines qui suivent la séance.

....

....

....

Commentaires

Les pratiques comme l'acupuncture ou l'ostéopathie, par leur impact direct sur l'organisme, favorisent la libération de tensions physiques liées à l'attitude mentale. Usuellement, dans les jours qui suivent ce type de séance, les pensées semblent s'enrichir et se fluidifier.

Si votre corps vous donne un coup de pouce, votre lâcher prise au niveau mental sera plus aisé.

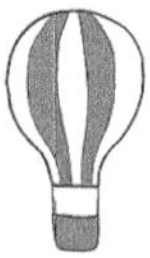

★ Exercice 43 : Trop bon élève ?

Vous avez fait tous les exercices depuis la première page et vous avez bien l'intention de poursuivre ainsi jusqu'à la dernière, et peut-être même de lire toute la bibliographie, ainsi que la bibliographie des livres cités dans la bibliographie ?

Il est temps de faire un bon break : posez ce livre et allez faire un tour !

Commentaires

Attention, vouloir lâcher prise empêche de lâcher prise... Ajoutez simplement ces exercices à votre quotidien en les faisant de la manière dont ils sont proposés. Usez sans retenue de la logique sous-jacente : elle peut être d'un grand secours en cas de blocage relationnel entre vous et vous, vous et les autres, et vous et le monde.

CHAPITRE 4

S'AUTORISER LE PLAISIR

Prendre soin de soi est une chose tellement évidente qu'on finit par l'oublier. Par ailleurs, la nature nous a dotés d'une telle gamme de protections que nous finissons parfois par en être déstabilisés.

Alors, une fois les exercices précédents effectués et les protections assouplies – voire abandonnées quand elles ont perdu leur utilité –, une fois la peur, la douleur et la colère redevenues de simples indicateurs pour vous orienter dans la vie, il est temps de vous occuper du moteur principal : le plaisir.

C'est ce à quoi cette partie vous invite, en commençant par deux exercices destinés à préparer le terrain si cela s'avérait nécessaire. Enfin, vous pourrez vous adonner au plaisir de construire vos propres exercices.

★ Exercice 44 : Mettez le starter !

Installez-vous confortablement et suivez les consignes ci-dessous.

1. Remémorez-vous une situation dans laquelle vous avez montré (à vous-même ou aux autres) que vous étiez capable de faire les choses correctement ou du moins avec une certaine aisance. Décrivez cette situation succinctement.

....

....

....

2. Remémorez-vous une situation dans laquelle vous avez montré (à vous-même ou aux autres) que vous étiez plutôt malhabile ou peu à l'aise. Décrivez cette situation succinctement.

....

....

....

3. Maintenant, faites l'expérience suivante. Un matin, dans votre salle de bains, alors que vous êtes en train de vous préparer, remémorez-vous la première situation décrite ci-dessus pendant quelques minutes puis reprenez vos activités quotidiennes. Le soir, passez en revue ce que vous avez fait dans votre journée et la manière dont vous l'avez vécue. Répétez l'expérience quelques jours. Notez vos impressions ci-dessous.

....

....

❹ Ensuite recommencez la même expérience que ci-dessus (point 3) avec la seconde situation (point 2). Poursuivez l'expérience quelques jours. Notez vos impressions ci-dessous.

....

....

Commentaires

Démarrer la journée en revivant mentalement une expérience dans laquelle vous avez fait preuve d'aisance diminue généralement le nombre d'erreurs et d'hésitations et améliore la qualité globale des réalisations.

Vous pouvez exploiter ce phénomène en vous remémorant des points de réussite, aussi banals soient-ils, avant d'entreprendre une nouvelle tâche. Ce procédé, très facile à mettre en œuvre n'importe où, joue l'effet d'une gomme à stress et favorise la confiance en soi : à vous de jouer !

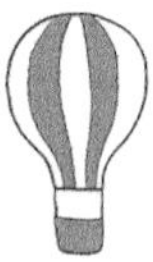

★ Exercice 45 : Stop au sabotage !

Vous avez tellement la « chkoumoune » que vous gérez vos déboires au quotidien comme si le sort s'acharnait sur vous ? Vous savez ce que vous devriez faire pour que tout aille bien et vous constatez dépité que vous choisissez toujours l'option inverse ? Dans les deux cas, cet exercice est fait pour vous !

Suivez attentivement les consignes ci-dessous.

1. Le matin, listez tout ce que vous ferez pour que tout aille mal et tout ce qui ne manquera pas de se passer aujourd'hui pour vous gâcher la journée.

....

....

....

....

....

....

2. Le soir, reprenez cette liste et rayez ce qui s'est effectivement produit. Procédez ainsi pendant au moins deux semaines.

Commentaires

Curieusement, en agissant de la sorte, vous constatez que vous rayez de moins en moins d'éléments de votre liste le soir. Ce faisant, la confiance s'infiltre en vous. On retrouve ici le même phénomène que dans l'exercice précédent. Continuez !

★ Exercice 46 : Des petits plaisirs quotidiens

Expérimentez successivement durant une semaine chacune des propositions ci-dessous.

❶ Accordez-vous chaque jour un petit plaisir, une petite attention aussi banale soit-elle, sans bourse délier. Comment vous sentez-vous à la fin de la semaine ?

....

....

....

....

❷ Une fois l’expérience précédente terminée, trouvez l’occasion quotidienne d’accorder une attention particulière à votre conjoint ou à vos enfants, aussi banale soit-elle. Ne cherchez pas à ce qu’ils s’en rendent compte. Comment vous sentez-vous à la fin de la semaine ?

....

....

....

....

❸ Une fois l’expérience précédente terminée, trouvez l’occasion quotidienne d’accorder une attention aussi banale soit-elle à l'une des personnes que vous côtoyez dans votre vie professionnelle. Comment vous sentez-vous à la fin de la semaine ?

....

....

Commentaires

Au bout de trois semaines de pratique intensive, trois cas de figure se présentent :

- vous avez trouvé le chemin du plaisir et l'avez parcouru au fil des jours : vous avez certainement constaté que votre quotidien s'est allégé et fluidifié au fur et à mesure. Vos pensées sont plus claires, plus lumineuses. La vie est devenue plus agréable, malgré ses déceptions inévitables ;
- vous ne savez pas si vous avez trouvé le chemin du plaisir ni si ce que vous avez fait a eu un effet quelconque. Continuez, en vous concentrant exclusivement sur la recommandation n° 1. Commencez peut-être par soigner la présentation de vos repas ;
- mettre en œuvre ces recommandations n'a rien donné de votre point de vue : vous ne savez plus ce qu'est le plaisir tellement tout dans votre vie est passé sous contrôle d'une façon ou d'une autre. Sachez que le plaisir ne peut être éradiqué et qu'il est toujours disponible en vous. Faites un tour du côté des exercices **n° 38** « Faites le deuil », **n° 39** « Plus jamais ça », **n° 35** « Face à vos peurs » et **n° 36** « Affrontez vos démons », puis revenez à cet exercice.

★ Exercice 47 : À table !

Vous avez des problèmes de poids ou de silhouette, vous souhaiteriez vous sentir mieux dans votre corps et êtes persuadé que cela passera par la modification de vos habitudes alimentaires. Pourtant, vous hésitez fortement à vous lancer dans un énième régime… Testez une nouvelle approche du problème !

Faites l'expérience suivante pendant au moins deux mois.

1. À chacun des trois repas de la journée, mangez seulement ce qui vous fait le plus plaisir et uniquement ce qui vous fait le plus plaisir. Si vous ne savez plus ce qu'est le plaisir de manger un bon aliment, suivez votre envie du moment et ne mangez que ce dont vous avez le plus envie et rien d'autre. Mangez-en autant que vous voulez, sans restriction aucune, seulement et exclusivement pendant les trois repas de la journée.

2. Une fois votre repas fini, c'est TERMINÉ ! Poursuivez votre journée normalement.

3. Si l'idée de manger quelque chose vous vient en dehors des repas, imaginez l'aliment ou le plat qui vous ferait le plus plaisir, pensez à la manière dont vous l'accommoderiez, à ses odeurs, à ses saveurs, à sa présentation, à la présentation de table que vous y associeriez, aux per-

sonnes en compagnie de qui cela vous serait agréable de le savourer, et donnez-lui mentalement rendez-vous pour un prochain repas. Ne consommez rien entre les repas.

4. Au bout de deux mois de pratique, que constatez-vous ? Avez-vous perdu du poids ? En avez-vous repris ?

....

....

Commentaires

Au bout de deux mois de pratique assidue, trois cas de figure se présentent :

- vous avez constaté qu'en suivant rigoureusement la ligne dictée par votre plaisir sans rien ingurgiter entre les repas, vous revenez vers votre poids de forme. La nature vous a en effet doté du plaisir pour vous guider dans la vie et vous a rappelé à l'ordre rapidement lors de vos excès. Continuez ainsi !
- vous avez réussi à manger avec plaisir aux trois repas, mais avez continué à grignoter et c'est la catastrophe, les kilos s'accumulent et votre système digestif fatigue. Vous n'y pouvez rien, cela a été plus fort que vous. Continuez comme vous le faites, mais décidez que si vous choisissez de grignoter entre les repas, ce n'est pas une ration habituelle qu'il vous faut manger, mais cinq d'affilée, ni une de moins, ni une de plus ! Oui, vous avez bien lu, si vous ne pouvez vous empêcher de grignoter entre les repas, prenez cinq fois la quantité que vous auriez grignotée en temps normal, ni une de plus, ni une de moins ;

- vous n'avez pas réussi à trouver ce qui vous fait vraiment plaisir ou envie. Les exercices **n° 38** « Faites le deuil », **n° 35** « Face à vos peurs » et **n° 36** « Affrontez vos démons » peuvent vous être utiles.

★ Exercice 48 : Un peu de sport...

Les télécommandes diverses et les moyens de communication ou de locomotion semblent faits pour atrophier notre motricité tout en nous rendant service. Vous avez décidé de sortir de ce piège ? C'est le bon moment !

Suivant votre situation, répondez aux questions ci-dessous et procédez comme suggéré.

❶ Vous pratiquez déjà un sport.

Quels plaisirs en retirez-vous (avant, pendant et après la pratique) ? Essayez de les recenser et de les décrire le plus précisément possible.

....

....

....

....

Goûtez-les pleinement de séance en séance.

❷ Vous ne pratiquez pas de sport et envisagez de vous y mettre.

Choisissez-en un dans lequel vous avez l'impression que votre corps et votre esprit se sentiront bien. Profitez-en pour en faire une activité complémentaire à votre mode de vie : si vous travaillez souvent seul par exemple, choisissez un sport qui vous conduit à être entouré de personnes.

Après plusieurs séances de pratique, quels plaisirs en retirez-vous (avant, pendant et après la pratique) ? Essayez de les recenser et de les décrire le plus précisément possible.

....

....

....

....

Goûtez-les pleinement de séance en séance.

3 Vous ne pratiquez pas de sport et n'envisagez pas de vous y mettre.

Déplacez-vous à pied ou en vélo, préférez les escaliers à l'ascenseur, suspendez votre linge, pétrissez votre pain ou vos pâtes à gâteau à la main, etc. Profitez de chaque moment que la vie vous offre pour vous adonner au plaisir du mouvement.

Après plusieurs semaines de pratique, qu'en retirez-vous ?

....

....

....

....

Commentaires

Vous avez probablement noté une amélioration de votre moral et une baisse des tensions. Un certain optimisme voire une certaine sérénité naît en vous. Se centrer sur le plaisir dans la pratique du sport ou plus simplement dans les mouvements du quotidien est « bon pour la tête ». Choisissez donc bien votre activité : faites en sorte que le sport et le mouvement augmentent votre niveau de bien-être, et non votre stress !

★ Exercice 49 : Aïe, je vais bien !

Ça y est, vous avez lâché prise et vous vous surprenez à faire des choses impensables auparavant. Seriez-vous capable de revenir en arrière quelques instants, afin de mesurer le chemin parcouru ?

Suivez la consigne ci-dessous.

Décrivez, dans cinq situations concrètes différentes, votre comportement actuel et celui qui prévalait avant votre lâcher prise.

....

....

....

....

....

....

....

....

Commentaires

Il est important que vous restiez au pilotage de votre vie et que vous soyez conscient de ce que vous avez transformé. Cette liste est là pour ça. Elle vous redonne la propriété des changements intervenus. C'est bien vous et personne d'autre qui vous êtes approprié ces exercices et qui avez su en tirer les bénéfices. Bravo !

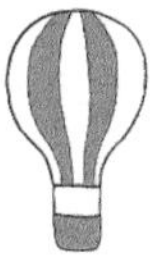

★ Exercice 50 : Continuez à jouer !

Vous avez certainement noté que les exercices précédents reposent sur certains invariants propres à la nature humaine. Le présent exercice est dessiné pour vous aider à explorer, par vous-même, les zones d'« inconfort » non traitées dans ce manuel. Continuez de créer une réponse adaptée à vos propres difficultés !

Suivez la trame ci-dessous pour créer un exercice adapté à votre problème.

1. Quel élément est encore trop envahissant à votre goût dans votre vie ?

....

....

....

2. Qu'avez-vous entrepris pour remédier à cette situation ? Quel a été le résultat de ces tentatives ?

....

....

....

....

....

3. Quel mouvement (éviter, rechercher, ignorer, s'opposer…) est associé à ce que vous avez entrepris pour remédier à cette situation et qui ne fonctionne pas ?

....

....

....

4. Quelles sont les modalités de ce mouvement (contexte, personnes, instant, pensées sous-jacentes…) ?

....

....

....

5. Rédigez votre exercice à partir des éléments qui précèdent et en vous inspirant de ceux de cet ouvrage.

....

....

....

....

....

6. Mettez-le en pratique. Que vous a-t-il apporté ? Vous a-t-il permis de lâcher prise ?

....

....

....

....

Commentaires

L'efficacité de l'exercice que vous construirez dépendra du respect des consignes suivantes :

- l'exercice sera délimité dans le temps (mettez un réveil à sonner ou assurez-vous qu'une action nouvelle se présentera et vous sortira de votre exercice quoi qu'il arrive, ou que, par sa forme, il prendra naturellement fin, etc.). Une fois l'exercice terminé, tout ce qui vous vient à l'esprit et qui a trait à votre problème est à accueillir, à identifier et à noter pour la prochaine séance ;

- l'exercice sera instauré comme un rituel quotidien ou à effectuer à chaque occurrence du problème. Il s'agit d'intervenir sur une habitude en en créant une nouvelle ;
- l'exercice sera pratiqué jusqu'à ce qu'il perde son sens, puis encore une ou deux fois pour s'assurer de bien avoir atteint l'objectif poursuivi ;
- l'exercice comportera des petits détails concernant son cadre (décor, durée, nombre d'itérations, etc.), de façon à distraire la partie de nous qui tente de protéger la dynamique envahissante ;
- l'exercice sera reproductible et transposable. Ainsi, une fois votre problème réglé, vous pourrez le réutiliser selon les circonstances en cas d'apparition d'une dynamique similaire à celle qui vous a conduit à le pratiquer ;
- l'exercice ne s'opposera pas aux comportements que vous avez, dans votre grande sagesse, adoptés à un moment donné, même lorsque ces derniers font office de freins ou sont devenus sources de souffrance. Il s'insérera dans leur dynamique et leur logique ou s'y surajoutera.
- enfin, l'exercice sera pratiqué avec la plus grande bienveillance qui soit.

CONCLUSION

Au fil des semaines, vous vous êtes entraîné à combattre l'impossible par l'absurde. Sans livrer bataille, vous êtes parvenu à vous libérer des freins et des limites que vous souhaitiez dépasser. Lâcher prise vous semble peut-être même facile et naturel à présent.

Riche de votre capacité ancienne à affronter les événements, vous avez maintenant la possibilité nouvelle de créer les circonstances qui conduisent à l'effet attendu sans avoir à combattre ni à dépenser votre énergie stérilement. Vous avez à présent la liberté de choisir la voie qui vous sied le mieux selon le contexte. Vous avez lâché prise.

Comme il s'agit d'un livre d'exercices, je vous en propose un dernier à titre d'au revoir et sous forme de question.

Qu'est-ce qu'un paresseux ?

....

....

Je vous souhaite la plus grande paresse qui soit dans le lâcher prise !

Solution :

Un paresseux est quelqu'un qui a tellement horreur de l'effort qu'il s'exerce jusqu'à ce que tout devienne facile.

POUR ALLER PLUS LOIN

Le lâcher prise ne se décide pas, il se construit. Voici quelques ouvrages clés qui m'ont aidé à concevoir le cheminement présenté dans ce livre. Je vous les propose comme ingrédients complémentaires pour bâtir votre propre voie. À partir de ces auteurs, vous accéderez à une bibliographie riche, qui vous conduira peut-être à vous plonger dans la découverte d'autres langues.

Sur les émotions et certains processus mentaux

Antonio R. Damasio, *L'Erreur de Descartes*, Odile Jacob, 2006.

Charles Darwin, *L'Expression des émotions chez l'homme et les animaux*, Rivages, 2001.

Daniel Goleman, *L'Intelligence émotionnelle*, J'ai lu, 2003.

Giorgio Nardone, *Peur Panique Phobies*, L'Esprit du temps, 1998.

Ernest Lawrence Rossi, *Psychobiologie de la guérison*, Souffle d'or, 2002.

David Servan-Schreiber, *Guérir*, Robert Laffont, 2003.

François Terrasson, *La Peur de la nature*, Sang de la Terre, 2007.

Paul Watzlawick, *L'Invention de la réalité*, Seuil, Points, 1996.

Sur l'adaptation et la nécessité de dépasser les apparences

Henri Broch, *Gourous, sorciers et savants*, Odile Jacob, 2007.

Collectif, *La Belle Histoire de Favi*, Humanisme et organisations, 2008.

François Jullien, *Traité de l'efficacité*, Lgf, 2002.

Giorgio Nardone, *Chevaucher le tigre, l'art du stratagème*, Seuil, 2008.

P. Watzlawick, J. Weakland, R. Fisch, *Changements*, Seuil, Points, 2007.

Dans la même collection :

Philippe Auriol et Marie-Odile Vervisch,
- 50 exercices pour apprendre à s'engager.
- 50 exercices pour s'affirmer.
- 50 exercices pour changer de vie.
- 50 exercices pour penser positif.

Sophie et Laurence Benatar, 50 exercices de relooking.

Laurence Benatar, 50 exercices de confiance en soi.

France Brécard, 50 exercices pour savoir dire non.

Christophe Carré,
- 50 exercices pour maîtriser l'art de la manipulation.
- 50 exercices pour résoudre les conflits sans violence.

Catherine Clouzard, 50 exercices de Gestalt.

Catherine Cudicio, 50 exercices de PNL.

Cuvilliez Joëlle et Martine Medjber-Leignel, 50 exercices de rire

Hélène Dejean et Catherine Frugier, 50 exercices d'analyse transactionnelle.

Émilie Devienne (sous la direction de), 50 exercices pour bien commencer l'année.

Émilie Devienne, 50 exercices pour prendre la vie du bon côté.

Valérie Di Daniel,
- 50 exercices pour mieux respirer.
- 50 exercices pour gérer ses émotions.
- 50 exercices pour maîtriser son mental.

Gilles Diederichs,
- 50 exercices de spiritualité.
- 50 exercices de zen.
- 50 exercices d'altruisme.
- 50 exercices pour méditer dans la nature.
- 50 exercices de détachement juste.
- 50 exercices de chamanisme.

Brigit Hache et Joëlle Marchal,
- 50 exercices pour se consoler.
- 50 exercices pour mieux vivre avec les pierres.

Laurie Hawkes, 50 exercices d'estime de soi.

Bernadette Lamboy, 50 exercices pour être bien dans son corps.

Marielle Laheurte,
- 50 exercices pour décrypter ses rêves.
- 50 exercices de visualisation créatrice.

Philippe Lebreton, 50 exercices pour développer son influence.

Philippe Lebreton et Patricia du Sorbier, 50 exercices pour développer son empathie.

Laurence Levasseur,
- 50 exercices pour gérer son stress.
- 50 exercices pour prendre la parole en public.
- 50 exercices pour profiter du moment présent.

Virgile Stanislas Martin,
- 50 exercices pour pratiquer la Loi d'Attraction.
- 50 exercices pour convaincre.
- 50 exercices d'Ho'oponopono.

Virgile Stanislas Martin et Guillaume Poupard, 50 exercices de systémique.

Sophie Mauvillé et Patrick Daniels,
50 exercices pour décrypter les gestes.

Mireille Meyer, 50 exercices d'autohypnose.

Paul-Henri Pion, 50 exercices pour lâcher prise.

Géraldyne Prévot-Gigant,
- 50 exercices pour développer son charisme.
- 50 exercices pour apprendre à méditer.
- 50 exercices pour sortir de la dépendance affective.
- 50 exercices pour sortir du célibat.

Jacques Regard,
- 50 exercices pour ne plus subir les autres.
- 50 exercices pour ne plus tout remettre au lendemain.
- 50 exercices pour retrouver le bonheur.

Maria-Dolorès Sanchez, 50 exercices de contre-manipulation.

Marie-Jeanne Trouchaud, 50 exercices de psychogénéalogie.

Jean-Philippe Vidal, 50 exercices pour mieux communiquer avec les autres.

Dans la même série :

Lorenzo Bé, 50 exercices pour domestiquer son ado.

Guillaume Clapeau,
- 50 exercices pour survivre aux réunions de famille.
- 50 exercices pour se débarrasser de ses voisins.

E.M. Caussurien, 50 exercices pour mal élever ses enfants.

Émilie Devienne, 50 exercices pour rater sa thérapie.

Émilie Devienne et Yves Peysson, 50 exercices pour devenir un vrai geek.

Philippe Noyac, 50 exercices pour terrasser ses ennemis.

Tonnie Soprano et Billie Alto, 50 exercices pour éduquer son homme.